7日間で武士道がわかる不思議な授業

小川仁志 著

教育評論社

Contents

Wednesday

3日目

自信を持つための水曜日

85

Thursday

4日目

人とうまく付き合うための木曜日

117

Friday

5日目

正しく頭を使うための金曜日

Saturday

6日目

成功するための土曜日

登場人物紹介

ハヅキ

斎藤葉月（サイトウ　ハヅキ）
私立江戸町高校の２年生。成績はいいが、授業を受ける態度がよくないので、留年しかかっている。密かにタケシに思いを寄せている。

タケシ

内田武史（ウチダ　タケシ）
私立江戸町高校の２年生。成績が悪く、やる気がない。留年しかかっている。どう生きればいいのか悩んでいる。

担任

源智男（ミナモト　トモオ）
私立江戸町高校の倫理教師。自称武士の末裔。武士道をこよなく愛する熱血教師。生徒たちにやる気を出させるために、とんでもない補習を企画する。

プロローグ ——とんでもない1週間——

心と足取りにこんなにギャップを感じたのは、おそらく初めてだった。解放感で今にも空に舞い上がりそうになる心を、まるで鉛のように重くなった足が引き留めようとする。春の日差しが窓から差し込む休日の昼下がり。

誰もいない校舎の廊下に、二人の足音だけがやけに響く。

タケシとハヅキは高校2年生。ようやく学年末試験も終わって、二人は幸せ全開……のはずだった。あの電話がかかってくるまでは。昨日の夜、突然担任の源《みなもと》から電話がかかってきた。土曜の夜に学校から電話がかかってくるなんて、いいことであるはずがない。案の定、二人には呼び出しがかかった。明日の日曜、昼の2時に学校に来るようにと。何と二人は留年する可能性があるというのだ。

偶然正門のところで出くわしてから、挨拶を交わした程度で、ほぼ会話もないままに二人は担任の待ついつもの教室にやってきた。

ドアを開けるや否や、源は開口一番あきれ顔でこういった。

お前らな、いい加減にしろよ。

も、もう無理っすか？

このままだとな。

そんなー！　倫理の点が足りないだけで留年だなんて！

私は倫理の成績は問題ないはずですよ。

お前はテストの点数はクリアーしてるが、授業態度は最低だ。提出物も1つもない。授業中に没収した小説で俺の書棚がいっぱいになったよ。平常点は文句なしのゼロ。担任の科目だからって甘く見たツケだ。

ということは、うちらだけ3年に上がれないの？

お、俺、何でもしますよ。

ほーぅ、何でもって？

先生の車洗います！　あのいつも泥だらけの軽自動車。

お前の何でもはその程度か……。

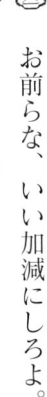

じゃあ、春休み死にもの狂いでバイトして、先生に何かプレゼントします。

お前な、ホントに死にもの狂いの意味わかってんのか？　よし、じゃあこうしよう。補習をしっかり受けて合格したら単位をあげよう。

そうこなくっちゃ！　さすがは武士の末裔、源先生！

これが本当の武士の情けね。

喜ぶのはまだ早い。補習といってもたった1回じゃないぞ。春休みの最初の1週間、月曜から日曜まで毎日学校に来て受けるんだ。でも、先生は俺じゃない。お前らの根性を叩き直してくれるすごい人にお願いする。最後だけ俺が来るけどな。で、合否を判定する。

竹刀とか持った怖い人じゃないっすよね？

竹刀どころか日本刀じゃないかなぁ。

に、日本刀⁉

だって武士だからね。

武士って、本物の？

そう。正真正銘本物の武士だ。『葉隠』を知ってるか？

ハ・ガ・ク・レ？

知ってりゃ補習なんて必要ないか。『葉隠』というのは、江戸時代の中ごろに、佐賀の鍋島藩に仕えていた山本常朝という武士が話したことが書かれている本だ。

ま、正確にいうと武士だった常朝（つねとも）が、出家した後に常朝（じょうちょう）となってから語ったことを聞き書きしたものなんだけど。

てことは、もしかして武士道っすか？

お、察しがいいな。

カッコいいじゃないっすか！　ケンカに役立ちそうだし。

やっぱりそう思っちゃうか……。

え、違うの？　私もそう思ったんだけど。

全然違う。いいか、山本はただの奉公人だ。戦国武将でも何でもない。だから戦の仕方なんてちっとも話してないんだ。江戸時代の中ごろといえば、鎌倉時代とか室町時代とは違って、もう世の中は平和になっている。だから武士はいたが、彼らは役人のようなもんだった。

役人？　じゃあ、公務員になるための本みたいなもんすか？

ある意味ではね。でも、今の公務員と違って、奉公人としての武士にはもっと倫理的なものが求められた。それを説いているのが『葉隠』なのさ。

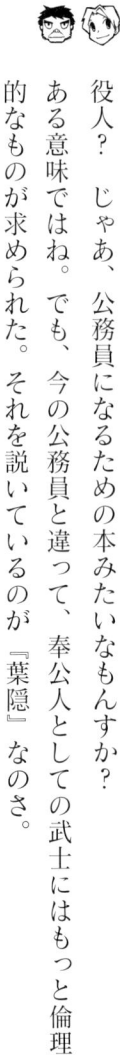

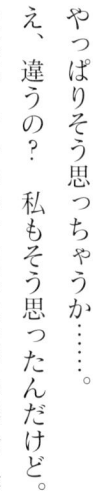

だから倫理の補習なのね。でも、そんな江戸時代の倫理が私たちの時代に役に立つんですか？

そうっすよ。どうせなら人生の目標を与えてくれるような授業でないと。

もちろん封建時代の倫理だということを忘れてはいけない。だからそのまま当てはまることばかりじゃないよ。主君のために死ぬのがいいなんて、ピンとこないだろ？

そんなのありえないっすよ。

ただ、そういう文脈を越えて、山本のいいたかったことの本質に迫れば、現代にも響く言葉はたくさんある。

どうやって本質に迫るんですか？

さあな。それは春休みのお楽しみだ。きっと本人が教えてくれるよ。

担任の意味ありげな顔を怪しがりながら、タケシとハヅキは顔を見合わせた。いったいどんな先生がどんな授業をしてくれるのやら、二人には想像もつかなかった。でも、とにかくとんでもない春休みになりそうな気配だけは、はっきりと感じられた。

1日目

生きる意味を知るための月曜日

何を目標に生きればいいのか？

タケシとハヅキはいつもの教室で待っている。正確にいうと、ついこの前まで2年生のクラスで使っていた教室だ。でも、二人だけだとガランとしていて、いつもとまるで違う場所にいるみたいだ。彼らは今日から1週間、この場所で毎朝6時から1時間半の補習を受けることになっている。

それにしても毎朝こんな早くから補習だなんて、地獄だよな。

部活の人が来る前に終わらないといけないなんて、何だか変よね。

でも、進級と引換えだから何もいえないんだよな……。

いったいどんな先生が来るのかなあ？

その瞬間、教室のドアがバンと開いた。そして入ってきた男の風貌に二人はしばし呆気にとられた。それも無理のないこと。何しろ男はよれよれの羽織に袴、ズレかけたチョンマゲ……。まるで江戸時代からタイムスリップしてきたような武士の格好をしていたからだ。でもそれは、よく見ると武士に扮した担任の源だった。

な、何ですか源先生、そんな武士のコスプレしちゃって。

武士って、まさかこのことだったんですか?

何じゃ、お主らはあいさつもできぬのか!

な、何だよ!

シッ、素直に従っといたほうがいいわよ。こっちは立場が弱いんだから。

あ、お早うございます。

お早うございます。

よかろう。拙者は鍋島光茂《なべしまみつしげ》が家来、山本常朝《つねとも》と申す者でござる。以後お見知りおきを。

あのー、もう少し簡単にいっていただけると助かるんですが、源先生。

源ではない、山本じゃ! 聞いていたとおりの軟弱者たちじゃのう。拙者は、お主らの担任に頼まれて、倫理の補習をすることになったのじゃ。

はい、はい。そのテイで行くんですね。わかりましたよ。

わかればよい。

で、山本さんって誰なんですか？

まったく飲み込みの悪いやつらじゃ。拙者はこの『葉隠』の語り手、山本本人じゃ。

お主らが信じようが信じまいが、とにかく拙者はこれからお主らに武士の倫理を叩き込む。そして立派な人間になってもらうのじゃ。

ハガクレってこの『葉隠』のことだったみたいね。

公務員になるための本だっけ？

何っ！　公務員？

いえ、気になさらないでください。

まぁ、よいわ。これからじっくり解説していくのじゃから。

ちぇっ、江戸時代の古典なんて何になるんだよ。

ほう、ならばお主らの人生の問題について話そう。

人生の問題って、進路相談でもしてくれるんですか？

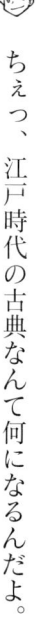

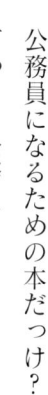

いや、お主らの悩みに即して授業を行っていくということじゃ。

じゃあ、何か目標が持てるようにしてくださいよ。よく目標を持てっていわれるけど、ないものは仕方ないもんなぁ。

わかる、わかる。私もなのよねー。だから真面目に取り組めないっていうか……。

なるほどな。お主らが留年しかかっているわけがよくわかった。ならば、『葉隠』の一番大事なところから話をしよう。「武士道というは、死ぬことと見つけたり」という一節を知っておるかな？　お主らにわかりやすいように現代風の言葉でいうとこうじゃ。

武士道というものは死ぬことに尽きる。死ぬか生きるか、2つに1つという場合、死ぬ方を選ぶというだけのこと。何も難しいことではなかろう。腹を据えて進めばよい。

つまり、武士道は死ぬことに本質がある。それだけのことじゃ。

ちょっと待ってくださいよ！　まさか死ぬことを目標に生きろっていうんですか？

慌てるでない。みなここだけをとらえて、そういう勘違いをする。だから困るのじゃ。誰だって生きるほうがいいに決まっている。拙者だってそう思っておる。現にこうして生きているじゃろ？　それに、ただ死ぬための本ならこんなに言葉を尽くす必要はない。大事なのはこの後じゃ。

真に武士道を身につけるには、毎朝毎晩、繰り返し命を捨てるくらいの気持ちで修行することが大事だ。そうすることで初めて、武士道が身につき、一生間違うことなく奉公できる。

武士道は命をかけて身につけるものなのじゃ。そうして初めて、一生が安泰する。

死ぬ気で生きるってことですか？

おや、意外と勘がいいな。そう、武士の修行というのはそういうものなのじゃ。明日もあるなどと、ダラダラやっていてはいかん。それでは何も身につかない。そういう生き方をせよといいたいのだ。

でも、それだと人生の目標はどうなるんですか？

まだわからんか……。毎日を死ぬ気で生きればいい。それこそが目標なんじゃよ。

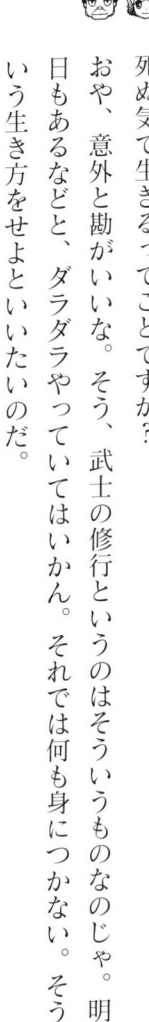

でも、さっき奉公っていわれたじゃないですか？　先生だってそういう目標があるから必死になれるんでしょ？　俺たちにはそれがないんっすよ。

それは時代の違いじゃ。拙者の時代は藩が国のようなもので、特に武士にとってはそれが世界のすべてだったといってもいい。だから主君に仕え、藩に奉公することは、生きることそのものだったわけじゃ。お主らでいえば、この世界に今存在していること自体がそれに当たる。

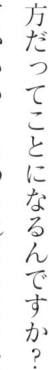

ということは、生きることそのものが目標で、毎日死ぬ気で生きるのが正しい生き方だってことになるんですか？

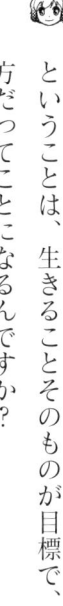

何かいいくるめられてるような気がするんだけどなあ。

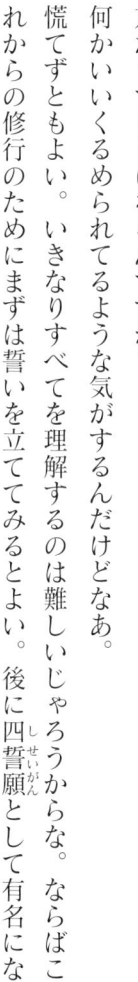

慌てずともよい。いきなりすべてを理解するのは難しいじゃろうからな。ならばこれからの修行のためにまずは誓いを立ててみるとよい。後に四誓願《しせいがん》として有名になるものを紹介しておこう。

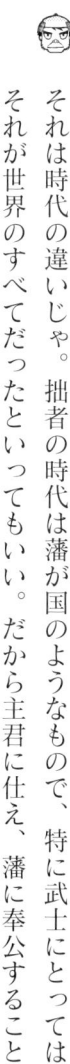

一、武士道に遅れを取らぬこと

一、主君の御用に立つこと

一、親に孝行を尽くすこと

一、大慈悲の心を起こし、人のために尽くすこと

わかるかな？

何だかわかるような、わからないような……。

武士道に遅れを取るなというのは、武士道そのものに負けぬよう極めよということじゃ。主君の御用に立てというのは、主君の役に立てということ。さすがに親に孝行はわかるじゃろ。大慈悲の心を起こして人のためになれとは、ごく簡単にいうと広い心を持って人の役に立てということじゃ。

ちょっとそのまま俺たちの生活に当てはまるようには思えないけど。

そう思うのは、お主らの修行が足りんからじゃ。お主らにも武士道の実践はできる。

いや、俺は別に武士になるわけじゃ……。今の時代、刀とか持てないし。

武士道とは、決して刀を振り回すことではない。心の問題じゃ。

親孝行をするとか、人の役に立つというのはわかるけど、後は何だかまだピンとこないな……。

たしかに。修行がいるってことだけはわかったけど。

まぁ、それでよい。初日じゃからな。これらを毎日肝に銘じてさえいれば、初心を忘れることはない。お主らも立派な武士道の実践者として正しく生きることができるはずじゃ。

悪いのは世の中？

ところで、担任からは、お主らはすぐ居眠りを始めると聞いていたが、今日は一応精を出しておるようじゃな。

担任って自分でしょ。

何じゃと？

いや、俺たちのやる気、認めてもらえたかなと思って。

ふんっ、まだわからぬわ！

ホントとっつきにくいキャラ演じるなぁ……。

ところで次はどんな悩みを話題にするのがよいかな？

私、今の時代に生まれて不幸だなって思うわ。親の時代はバブル経済のおかげで、けっこう簡単に就職できたそうだけど。でも、今はそんなうまくはいかないでしょ。

たしかに。俺の先輩も大学出ただけじゃ簡単に就職できないって嘆いてたな。時代によって苦しみ方が違うなんて、不公平だよな。

お主らはまったくわかっておらん。

世も末になったと思い込み、人々が意欲を失って、精を出さないようになったのが残念だ。悪いのは世の中ではなく、人が精を出さなくなったことのはずなのだから。

つまり、世の中が悪いのではなく、人が悪いのじゃ。

そんなのひどいですよ！　いつの時代もみんな頑張ってると思うんですけど。問題はたまたま時代が悪い時に当たる人がいるってことじゃないですか？

みな、時代が悪いという。よかろう。それならば、時代とは誰のことじゃ？

時代とは誰かって……それは誰でもないですよ。

誰でもない？　まさか幽霊ではあるまい。時代をつくっている人間がいるはずじゃ。

あ、つまり時代、時代っていってるけど、それは人のことだっていいたいんですか？

さよう。時代とはその時代の人間という意味じゃ。

でも不景気は人間じゃないですよね？

江戸時代にも凶作の年や飢饉の年はあった。加えて、疫病が流行した年もあった。いつの時代も同じなのじゃ。違いがあるとすれば、それは人間の営みだけでござる。

まぁ、景気も人間がかかわってるんだろうけど。

納得したようであるな。

じゃあ、とにかく自分が頑張れば人生は何とでもなるってことですか？

そういうことじゃ。

私も部屋の片付けでもしたら何か変わるかな？

お前、整理整頓苦手だもんな。

うるさいわね！

でも、自分が頑張れば時代も変えられるって、ポジティブでいいっすね。

誰もそんなことはいっておらぬ。

へっ？　だって、今さっき自分次第だっていったじゃないっすか。

自分次第で人生は好転させることができると申したまでじゃ。時代そのものは変えられぬ。『葉隠』にこうある。

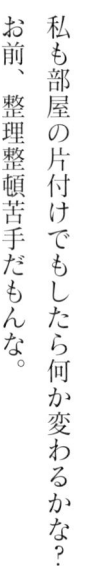

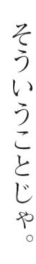

時の流れというものは、変えることができぬ。次第に世の中が堕落してきたのも末世になったためであり、仕方のないことだ。一年の間、春ばかりとか、夏ばかりとかいうことはありえない。

いくら頑張っても、時間の流れだけは支配できるものではない。それは認めんといかん。

たしかに私も寒がりだから年中夏がいいけど、それは無理よね。

たった一日の時間でさえ変えられぬ。したがって、今の世を、百年も昔のよい時代にしようと考えてもできることではない。だから、その時代時代に適応して、最もよいように努力する心がけが大切なのじゃ。昔のことばかりを慕う人の誤りは、この点が理解できないところにある。

昔がいいっていう人いるんだよな。うちのじいちゃんみたいに。タケザエモンっていって名前からして古臭いんだけど、いつも今の時代はダメだとか、昔はもっと心が豊かだったみたいなことというんっすよ。

そうかといって、今ばかりをよいと思い込み、昔を嫌う人は、思慮浅く、軽薄な心がけのものでござる。

どっちもどっちなのね。

そうか……。時代は変えられないけど、その中でベストを尽くすということなんですね。

いくら頑張っても、地球上のすべてに影響を与えることはできないものね。

ただ、これは必ずしもネガティブな発想ではないぞ。

えっ、今ネガティブっていいました？

それって英語っすよね？　センセ、本当に江戸の人なんっすか～？

うっ、そういう揚げ足を取るものではない。拙者が申したいのは、自分のなすべきことをきちんとしていれば、きっとうまくいくということじゃ。

人生がうまくいくかどうかは、その人の行い次第ということですね。ダメなのは自分が本気で頑張っていないから。

あー、なんかその結論きついな～。俺が落ちこぼれてるのは俺が悪いからか……。

そう自分を責めるものではない。たしかに時代のせいにしてはならぬが、かといってうまくいかないのは自分が悪いからばかりとはいえぬ。

どういうことですか？

自分がうまくいくかどうかも、実は自然が決めることじゃ。いくら精を出しても、飢饉が防げぬことはある。

人の運命の盛衰によって、その人の善悪を論じることはできぬ。人の盛衰は自然の運命によるものであり、善悪は人間の判断によるものだから。

すべては自然の成り行きじゃ。それをどうこういうのは人間の勝手にすぎん。

うまくいっていないからといって、行いが悪いわけじゃないのね。

じゃあ、どうして行いをよくしろっていうんだろ。

ふむ。そう思うじゃろうな。先の一節には続きがある。

とはいえ、教訓のためには、みな、人の盛衰を善悪の結果のようにいうものだ。

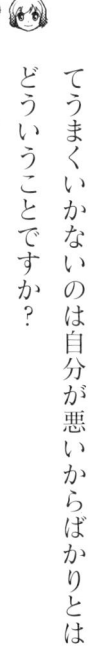

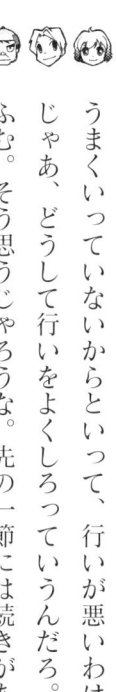

なるほど。教訓か。

実際には運なんだけど、そういってしまうと、人は何も努力しないもんね。

正確にいうと、最善を尽くして、後は天に任せよということじゃ。

どんな時代でも最善を尽くすしかないんですね。

やっぱり努力させる方向に持っていくあたりがうまいというか、ずるいというか。

ずるいとは何事じゃ！

いや、もっと楽に何とかならないものかなって……。

やれやれ。まだまだのようじゃな。

大雑把だとダメ？

疲れてきたのか、慣れたのか、タケシは肘をついてダラッとした姿勢になっていた。いつものことなのだが……。その瞬間だった。目くじらを立てた山本がタケシに向かって大声で一喝したのだ。

な、何をするか〜。

何ですかいきなり。そんなに大きな声出したら、びっくりするじゃないですか。

心臓が止まるかと思ったわ。よくそんなにキャラがつくれますね。

お主じゃ！

俺っすか？　何もしてないすよ。

手がどこにある？

ああ、ちょっと肘ついただけですよ。

人の話を聞く時に、肘をつくとは、まったく信じられん。

わかりましたよ。以後、気をつけます。

お、お主もか〜。

だから、大きな声でいわないでくださいって。私は肘なんてついてませんよ。いったい何ですか？

ノートのページが飛んでおる。

そ、そんなことで……。私は結構大雑把なんです。そこがチャームポイントの1つなのに。

いや、お前それは少し直したほうがいいよ。この前もだいたい似ているとかいって、違反のセーター着てきて叱られてたし。

あんただって、時間割適当にしか見てないからよく教科書間違えて持ってくるじゃない！

わ、わかった。もうよい。それはお主らの次の悩み事じゃ。つまり、大雑把で困っている。そうではないか？

まぁ、たしかに女子なのに、そういうことといわれるとちょっと傷つきます。

やっぱり武士は大雑把じゃダメなんですよね。

いや、それが実はそうとも限らんのじゃ。

ある人がやかましく倹約を説いていたが、これは好ましいことではない。水があまりに清ければ、魚が棲めないということがある。水藻などがあるからこそ、魚はそのかげにかくれて成長することもできる。

多少のことは見逃しておくことによって、下々の者は安心して暮らすことができるというものじゃ。人の素行などについても、この心得が必要である。

俺は釣りをするんですけど、水がきれいすぎると魚は棲めないというのはよくわかります。

人間も同じじゃ。

多少大雑把でもいいということなんですね。

そういうことじゃ。細かすぎては武士は務まらん。

よかった。お嫁に行けないかと思った。

親でも先生でも多少のことは見逃してくれる人っていいよな。

うん、そういう先生ってファンになっちゃう。先生もお願いしますね♡

う、怖いなお主らは……。ただ、だからといって、何の準備もいらないというわけでは決してない。

それって俺の教科書の話っすか？

大雑把でも、翌日の準備はきちんとしておかねばならぬ。それが武士道じゃ。

翌日のことは常に前の晩から思案し、書きとめておくのがよい。これも万事、人に先んじて対策を講じる心得である。殿さまは、どこかへお出向きになる際には、前夜から先方のことを調べ、あいさつ、座談の内容までも、よく吟味しておかれたものである。

殿さまだけではない。お主らもどこか目上の人の所へ行く時や、お話をうかがいに行く時などには、まず先方のことをよく頭におき、失礼のないようにすることが礼儀にかなない、人の和をはかる道じゃ。

学級委員長のタツオがまさにこのタイプよね。翌日持ってこないといけないものとかを、後ろの黒板に書いておいてくれたりして。用意周到っていうか。いつもすごいなって関心しちゃう。

タツオはそういうヤツだね。俺は翌日のことなんて考えたこともないな。その瞬間瞬間を生きてるから。

何カッコつけてんの？

それはカッコいいようで、実はカッコ悪い。少し考えてみるとよい。もし何も準備しなかったために、自分だけ間違っていたらカッコ悪いのではないか？

そうそう、山登りの日に、あんただけ体操服持ってくるの忘れて、制服で汗だくになってたよね。

嫌なこと思い出させるな。たしかにそれはわかりますけど。何だか大雑把でもいいというのとギャップがあって、悩むな。

事と次第によるということじゃ。何でもかんでも神経質になる必要はない。されど、翌日の準備には抜かりがあってはいけない。事を仕損じるからじゃ。

そうか、そういう使い分けをすればいいんですね。私も最低、翌日の準備だけはやるようにしよっと。

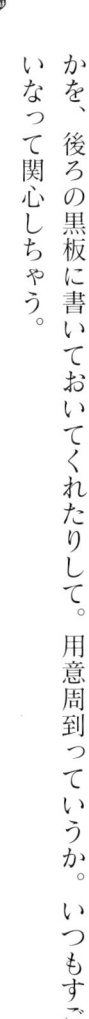

うむ。よい心がけじゃ。

ほかにはどういう時に慎重になればいいんですか？

後は言葉じゃ。

俺の一番苦手なヤツじゃん。

人間は言葉でコミュニケーションを取る。だから失言は命取りなのじゃ。

人は興が乗るととめどなく話をすることがある。落ち着きに欠け、話の内容も薄っぺらく、周りの人にもそれがよく見えるものだ。そういう時は、すぐその後に実直な話を場に合わせて続けるとよい。自分の心にも実直さがよみがえってくる。

いたずらに言葉数が多いのはいかんということじゃ。話に重みがなくなる。周囲がどのような反応を示しているかもっと見ないといけない。

空気を読んで話すってことですね。

うむ。たとえ軽いあいさつをするだけでも、その場の様子を見たうえで人々の気を悪くしないように、少し考えてから話したほうがよいじゃろう。

実直に話すっていうのはどういうことですか？

誠実に話すということじゃ。そうすれば失言は減るじゃろう。そのためには、考えながら話すことが大切なのじゃ。

わかります！　うっかりいってしまって相手をムッとさせるのは、自分のことしか考えてないからですよね。

相手の気持ちをよく考えて話しておれば、本来失言をすることなどないはずじゃ。

いちいち考えながら話すって、しんどいですよ。会話が楽しくなくなるかも。

なぜじゃ？

だって頭使い始めたら、会話が堅苦しくなっちゃいますよ。

あんた日ごろよっぽど頭使ってないのね。

人間には考える能力がある。それをしんどいなどといって避けているから、失敗ばかりするのじゃ。そんなことでは立派な武士になれんぞ。武士は身体だけでなく、頭も使わんといかんのじゃ。

いや、だから武士になるわけじゃないんですけど……。

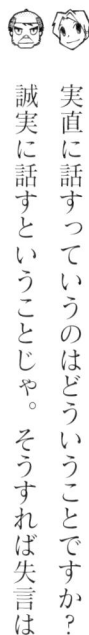

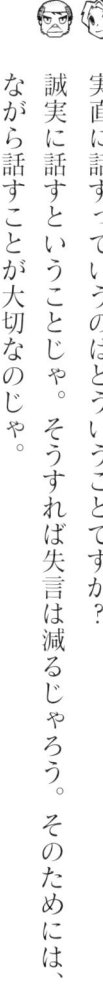

困難にぶち当たった時は？

あ、見て！　にわか雨よ。

げ、傘持ってきてないよ。帰るまでに止むといいけど。

私もー。どうしよう。今日はお母さん仕事だから、迎えに来てくれる人いないし。

ええい！　にわか雨ごときで騒ぐでない。そんなことでいちいち動じていては、何事も成し遂げることができぬわ。だいたいこの世に動じることなど何もない。

いや、誰だって問題があれば困るでしょ。

そうですよ。大変なことが起こっても、「それで？」なんて態度でいたら、よけいひどいことになりますよ。

お前、いつも「わ〜、どうしよう！」なんてパニクってるもんな。

もう、うるさいわね！

よかろう。それでは困難に打ち勝つ方法を伝授しよう。

それってどんな困難にも役立ちますか？

もちろん。武士道は最強の思想じゃからな。ちょうどいいのがある。

何でそんなに意味ありげに窓の外を見るんですか？

フッ、今にわかる。

大雨の教えという心得がある。外出途中でにわか雨にあい、濡れまいとして道を急ぎ走り、軒下などを通ってみたところで、濡れることには変わりはない。最初から濡れるものと心に決めてかかれば、濡れても心は平静でいられる。この心得は万事に共通のものである。

どうじゃ？　まさにぴったりの教えじゃろ。つまり、濡れることを恐れるから慌てるのじゃ。最初から雨など濡れるものと思っておけばよい。

それはなかなか大胆ね。

どうせ濡れると思って開き直るってことっすか？

さよう。あらかじめ心しておくところがポイントじゃ。

斬新だわ〜。傘がいらなくなるのね。

これをあらゆる物事に当てはめるのじゃ。そうすれば何事にも動じることがなくなる。

でも、世の中には予想もできないことが起こることだってありますよ。

そう思っておけばよいのではないか？

は？

つまり、予想もできないことが起こると思っておけば、その事態を恐れる必要はなくなる。

なるほど。こりゃ最強だわ。怖いものがなくなりそう。

ちょっと食い下がらせてもらいますけど、仮に予想できたとしても、それを乗り越えられるかどうかは別ですよ。

たとえば？

たとえばですね、俺、この前ケンカしたんすよ。駅前でからまれて、どうしようもなくやったんですよ。好きでケンカしたんじゃないっすよ。

好きでやっているとしたら、常に準備していることになるからな。で、勝ったのか？

俺も腕には自信があるんですけど、たまたま足滑らせて転んだんすよ。そうするとすぐそいつが馬乗りになって顔面にパンチしてきて……で、負けたということです。

何だか言い訳っぽいわね。足滑らせただなんて。

ホントなんだよ。運が悪かったの。

それは常にありうることじゃ。たしかにいくら予測していても、勝負は時の運。

武術の極意は、身を捨てて斬りかかること。ただ、相手も身を捨てて斬りかかってきた場合、互角の勝負となる。そこで勝つには、信念と時の運が必要となる。

つまり、勝負は信念と時の運ということじゃ。

ほらね。時の運なんですよ。

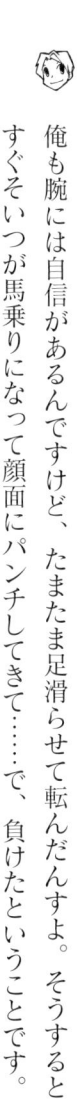

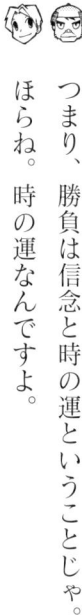

それだけではないぞ。今拙者は、信念と時の運といったのじゃ。運もあるが、それを呼び込むのは、信念。常に勝つ気持ちでいないといけない。

そこが根性論なのよね。私はケンカはしませんけど、中学までバレーボールをやってたんです。その時、最後は気合いだっていう先輩がいて、困っちゃったんですよね。

それは正しいのでは？　最後は気合いじゃからな。

そんな！　気合いだけで解決するんだったら、誰も練習しませんよ。

拙者は何も気合いだけとはいっておらぬ。最後は気合いだといっておるのじゃ。その前の段階では当然鍛錬がものをいう。時の運を呼び込むための気合いや信念は、鍛錬の賜物じゃからな。

武勇にすぐれた者と美少年は、自分こそは日本一だと大高慢でなければならない。しかし、道を修行する一日一日については、おのれの非を知ってこれを改める以外にはない。このように分けて考えないと、埒があかない。

つまり、大いに自信を持つべきだが、日々の練習では謙虚にならないと成長しないということじゃ。

美少年ってのが気になるけど……。

俺もイケメンだからわかるなあ。自分が一番だって思ってないと。

まったく、よくいうわね。

それくらい自信がないとダメだが、そのためには、日ごろから自分を磨いておく必要がある。

根拠のない自信はダメだってことですね。

そういうこと。そのうえで、大高慢になればよい。

大高慢って、何だか偉い人みたいだな。よし、大高慢になってやるぞ!

その意気込みで困難に打ち勝つのじゃ!

よ~し、じゃあ、私も雨なんて吹き飛ばしてやる。雨あがれ!

おい、外見ろよ! 本当に雨が止んでるぞ!

どうやらお主らの気合いに天も驚いているようじゃ。あっぱれ、あっぱれ。ワハハハハ。

普通で終わりたくない！

さて、そろそろ今日のしめくくりに移ろう。いかがかな？

じゃあ俺、1つどうしてもいっておきたいことがあるんですけど。

えー、何だか怖い！

そういうのじゃないよ。俺、レールに乗っかるだけの普通の人生って興味ないんすよね。そんなことのために勉強するのかと思うと身が入らなくて。

あ、そういうことね。

何期待してたの？　ま、いいや。今の世の中、普通じゃないとダメみたいな空気があるじゃないっすか。親も先生もそういうし。

たしかにね。ちゃんと勉強して、いい大学行って、いい会社に入れってね。何かつまんないのよね。そういうふうにレールを敷かれちゃうと。

なるほど。ならば奇人、志《し》田《だ》吉《きち》之助《のすけ》を紹介しよう。『葉隠』に出てくる人間の中でも、最高に変わった人物じゃ。吉之助は武勇に優れた抜群の人材であったため、殿さまもやがては重要な役職に抜擢しようとなさっていた。

ところが、吉之助はこれに気づいて、わざと馬鹿をよそおい、欲深い者と見せかけ、目薬を売ったり、質を取ったり、舞をまったり、はたまた人に喰いつく犬のそばを通る時は、裾をまくりあげて通り「足の傷はなおるが、着物の傷はなおらぬ」などといっていた。

優れた人なのに、わざと変人をよそおって生きたってことですか？

さよう。

でも、どうして？

欲がなかったのじゃろう。そして自分らしく生きたかったのではなかろうか。

出世とか普通の生き方じゃなくて、自分らしく生きたんですね。

それって自分勝手なだけで、人から認められないいんじゃないですか？

いや、たしかに吉之助は奉公を避けるため、生涯、欲深と卑怯をよそおい通した。

されど、真の姿は非常に有能で、必要に応じて有益なアドバイスをし、奉公とは違う形で周囲の役に立っていたのじゃ。拙者がいいたいのは、そういう生き方もあるのではなかろうかということじゃ。

オンリーワンってわけですね。これなら俺にもできそうな気がします。いやー、これで勉強しなくても許されます。

何をぬかしておるか！　普通で終わりたくないならば、努力は必要じゃ。人と違う生き方というのは、相当の覚悟が必要なのじゃ。

げっ、そうなんすか？

当たり前じゃない。まったくあんたは能天気ね……。

拙者もそれなりに努力はしてまいった。少しその話をしておこう。

出世の早いのは昔から役に立たぬものとされているので、50歳くらいから身を立てようと思い、四六時中、工夫、修行し、血の涙とまではいかぬが、黄色い涙が出るほどの苦労をした。この修行が角蔵《かくぞう》流というものである。

ここでいいたいのは、歳を重ねてから出世をする工夫を始めて、苦労して自己流の方法を確立したということじゃ。

黄色い涙って、組織液でも出たんですか？

何だかホラーみたいだな。

とにかく、努力なくして何事も成功することはないといいたいのじゃ。

武士道ってほんと努力の話なんすね。

努力しない武士なんてイメージできないもんね。

後、今の話でいいなって思ったのは、早く出世した人は役に立たないってところですね。これはホッとしちゃうなあ。50歳からでいいだなんて。

あのね、それは50歳までさぼってていいってことじゃないわよ。ね、先生？

それはその通りじゃ。慌てずに鍛錬を重ねよということじゃ。

やっぱりそうなんすね。

ところで先生、角蔵流って何ですか？

おお、やっと尋ねてくれたか。これは拙者のオリジナルな生き方のことじゃ。

それなら常朝《つねとも》流とかにすればいいのに。

常朝って？

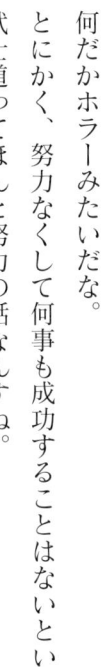

先生の名前じゃない。さっき自己紹介してたでしょ。

あ、そっか。源先生、じゃなかった常朝先生でしたね。もうだいぶ昔のことのように思えて。濃い話が続くんで……。

はぁ～。まあよい。実は角蔵というのは、ある人物の名前なのじゃ。

鍋《なべ》島《しま》喜《き》雲《うん》の草履取りに角蔵という者がいた。その男がたいへん力わざにすぐれていたので、剣術者であった喜雲が、それを格闘術の一流派に育てて角蔵流と名づけ、人々に指南していたが、その技が今も伝わり残っている。

角蔵の流儀は決してしゃれたものではない。拙者が行っている流儀も、そのようにしゃれたものではなく、泥臭いものじゃ。ただ、草履取りの角蔵の格闘術と同じでとっさの時に役に立つから、それを角蔵流と呼んでいるだけにすぎぬ。

なるほど、角蔵さんをモデルにしたんですね。

正確にいうと、角蔵のように実践的な方法を自分のスタイルとして確立したということじゃ。

自分なりのスタイルを見つけるっていうのは、たしかに自分らしく生きることになるわね。

普通の人生じゃ嫌な俺にぴったりだな。

お主も角蔵流でいけばよい。

角蔵流って何だか堅いんで、角蔵スタイルでもいいっすか?

名前もまた自分のスタイルでいけばよい。大切なのは自分らしいやり方を見つけることじゃ。

よし今日から角蔵スタイルで生きよう。カッコつけずに。

ただし、努力を忘れないようにね。

わかってるよ!

一応武士になれそうな兆しが見えたところで、今日はお開きとするかのう。いや、愉快なひと時であった。

愉快ってほどでもないですけど、いつもとは違って眠くはなりませんでした。

ちょっと、あんた単位もらえないわよ。先生、気にしないでくださいね。こんなに楽しいと思いませんでした。ありがとうございます。

うむ。また明日会おう。しからばこれにて。

そういって源先生扮する『葉隠』の著者、武士の山本は颯爽と去って行った。タケシとハヅキはいつもと違う担任の姿にまだ圧倒されていたが、何だかとんでもない春休みになりそうな気配だけは感じ取っていた。そして同時に、これまでに経験したことのない力強い言葉を耳にしたような、そんな不思議な感覚にとらわれていた……。

1日目のまとめ

・武士道は毎日命がけで修行することで身につく。死ぬ気で頑張ることを目標にして生きればよい。

・世の中が悪いのではなく、人が頑張らないのが悪い。ただし、時の流れまでは変えられない。私たちにできるのは、行いをよくすることだけ。

・あまりに細かすぎるのはよくない。ただし、物事の準備は周到にしなければならない。また、言葉には慎重になる必要がある。

・開き直れば恐れるものはない。勝負は信念と時の運次第。大いに自信を持てばよいが、日ごろは謙虚に鍛錬すべき。

・自分らしく生きればよい。ただし、努力は必要。その末に自己流の生き方を確立すること。

Tuesday 2

2日目

頑張るための火曜日

勉強の仕方は？

タケシとハヅキは、翌日もまた例の武士の授業を聞きにやって来た。二人が遅刻もせずに朝早くから授業に出るなどというのは珍しい。よほど留年したくないのだろう。いや、もしかしたら武士の授業に興味を持ち始めたからかもしれない。そして武士もまたぴったりの時間にやって来た。

ほう、きちんと来ておるな。

俺、こんなふうに真面目に勉強するの初めてっすよ。

私も。最後まで頑張れるか不安ですけど。

わかるわかる。

お主らにはきちんと勉強する習慣が身についてないんじゃろう。

たしかに昔っからそうだもんな。

私は自分のペースでならできるんだけどな。

お前、ホント学校では態度悪いもんな。

成績が悪いよりマシでしょ。

どっちも問題じゃ。勉強には心構えや習慣が必要なのじゃ。武士の子を育てる際、一番大事なことを教えてやろう。『葉隠』にこうある。

悪い習慣はつけさせないように。いったんしみついてしまうと、いかに意見をしても容易には直らない。

勉強をせずについ遊んでしまうのは、子どものころの習慣によるということじゃ。

そうそう。私、年の離れた妹がいるんです。で、親が私で失敗したから、小さいころから本を読ませていたんですね。おかげで今でもあの子は自主的に本を読むんですよ。私は読みかけでいつも挫折しちゃいますけど。

そういえば、俺も勉強しろとかいわれたことないし、自主的にやったこともなかったな。勉強させてくれなかった親を恨むぜ。

人それぞれ生まれる環境も違うのじゃから、それだけを理由にしてはいかん。やはり結局は自分の努力次第でござる。

それはそうなんでしょうけど、習慣が身についてないと、今さらどうしていいかよくわからないんですよ。

俺は何をどこまでやればいいのかよくわかんないんすよ。テストだって、範囲が膨大すぎて。起きてる時間中やってるヤツもいるけど。俺には無理だし……。

それは勉強の意味を考えれば自ずとわかるはずじゃ。

すべての芸事の修行は、武士道や奉公のためにするなら役に立つ。しかし、芸事そのものが好きになってはいけない。

ここでいう芸事を勉強に置き換えてみればよい。

ということは勉強が好きになっちゃいけないっていうんですか?

いや、そうではない。あくまで本末転倒になってはいけないということじゃ。勉強が好きで、いくら得意になっても、それだけでは何の役にも立たんからな。

勉強が目的になってる人っているのよねー。

知識はあくまで道具なんじゃ。そう思えば、何をどこまでやればいいのか見えてくるに違いない。武士でいえば、奉公のために勉強して、知識を得る。そのために必要なことをやればよいのじゃ。

俺が数学嫌いなのもそこなんすよ。こんなのやって何の役に立つのって感じで。だから力入んなくて。

何事も目的意識が大事じゃ。そうでないと、受動的になってしまう。やらされていると思ってしまうと面白くなくなるものじゃ。

ということは、まず自分のやりたい仕事を決めて、それに必要なことを学ぶって話になりますよね？

理屈上はそうなる。ただし、自分のやりたい仕事を決めるためにも、まずはいろいろ学んでみる必要があるのもたしかじゃ。さもなくば、自分が何に向いておるかもわからぬ。

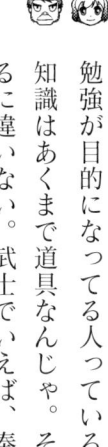

げ、やっぱり数学はやっておけってことなんですね。

お主らのように高校生なら、まだいろんな勉強の基礎をやる段階じゃから、どれもちゃんとやっておかねばならぬ。この授業もな。

武士道ってことですね。

先生、だとしたら、いったいどうやって数学をやったらいいのか教えてくださいよ。

何事も基本は同じじゃ。この方法で数学もできるようになる。

常々、鏡を見て自分の風采を正す修行をするのがよい。

鏡って、あの、数学の話なんですけど。

何事も同じだといっておるじゃろ。今は数学が苦手でも、毎日少しでもやるようにしていれば、ちょっとずつわかるようになっていることに気づくはず。拙者はかつて自分の顔つきが気に入らなかった。奉公人の顔ではなかったのじゃ。そこで、鏡を見て修行することにした。あまりに偉そうな顔つきを変える必要があったのじゃ。

それで今の浮かない顔になっちゃったんですか？

おい、それはさすがに失礼だろ。

ちょっとムッとしたが、まぁよいわ。その通りじゃ。ただし、これは浮かない顔ではない。きちんとしていて、苦みがあり、調子の静かな顔といってくれんか。

プッ、プププッ。あ、すいません。苦みがあって調子の静かな顔って……。

あんたのほうが失礼じゃない。先生、怒ってるわよ。

ま、まぁよい。こんなことでいちいち腹を立てていては武士は務まらん。

さすが！　これが調子の静かなって意味なのね。

とにかくじゃ、お主らは鏡を見るように自分の成長、変化を毎日よく観察して、納得するまでコツコツ継続すること。それが拙者のいいたいことじゃ。

ちなみに先生はどれくらい鏡を見続けたんですか？

1年じゃ。

尊敬しちゃうわ。

人間はそう簡単に変われるものではない。

コツコツ勉強するしかないってことですね。

武士は一日にしてならずじゃ。

それ、どっかで聞いたような……。

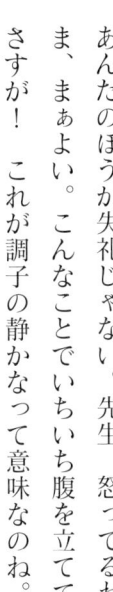

私には無理!?

そういえば先生、私、大学受験を考えてるんですけど、1年であんなにたくさんの科目を準備するのは無理かなって思っちゃって。でも浪人はしたくないし……。

最初から弱気になってはいかん。それでは勝てる戦も勝てぬというものじゃ。

イクサ？　あ、そうか。たしかに受験戦争っていうくらいだもんな。気が重くなっちゃうよ。

世の中には賢い人がいっぱいいるもんね。

俺なんてその中の最下位だろうな、きっと。

ほ～う、お主も大学受験を考えておるのか？

まぁ、一応……。

合格じゃーー!!

ちょ、ちょっとびっくりするじゃないですか、またいきなり大きな声で叫ばれちゃ。

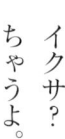

ったく、どこが調子の静かな顔なんだよ。

拙者がいいたいのは、思い立ったらもう成功したようなものだということじゃ。

名人も人、我も人、何の劣ることがあろうかと、一度思い立って立ち向かえば、もはやその道に入ったものといえよう。

お主らも孔子は知っておるな？　中国の偉い学者じゃ。孔子は修行して偉くなったからすごいのではなくて、15歳で学問に生きると決めたからすごいのじゃ。

思い立ったらそれでいいってことですか？

思い立たんよりいいじゃろ。

それはそうだけど。賢いライバルがいっぱいいるんですよ？

だから名人も人、我も人といっておるじゃろ。みな、同じ人間じゃ。恐るるに足りん。

すごいポジティブというか、楽観主義というか。

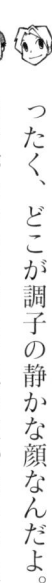

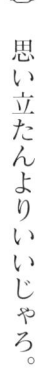

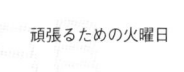

勇気づけられるのはたしかだけどね。

お主らにも能力はある。少なくとも潜在能力はあるはずじゃ。それは話をしていればわかる。後は、その能力を発揮するかどうかじゃ。

いったいどうやったら発揮できるんすか？

それは簡単なこと。捨て身でやるのじゃ。

また死ぬ気でやれって話ですか。

最終的にはそういうことになるが、ここで拙者がいいたいのは、全身全霊をかけてぶつかれということじゃ。相手に斬りかかる時、斬られるのを恐れて懐に入っていけないようでは、かえって危険な目に遭う。相手も捨て身でくるからじゃ。

捨て身には捨て身でってことですか？

それ以外に勝ち目はない。

まぁ、ケンカもそうですけどね。ビビッたほうが負けっすよ。

でも、そんな勇気ないな……。私冷めてるほうだし。

心配ない。戦う時のお主は普段のお主ではない。『葉隠』に登場してもらおう。

そもそも、いざという時の勇気の有無は、普段の気力とはまったく別である。最近の人間に気力がなくおとなしいからといって、死にもの狂いになることにおいて昔の者に劣ると

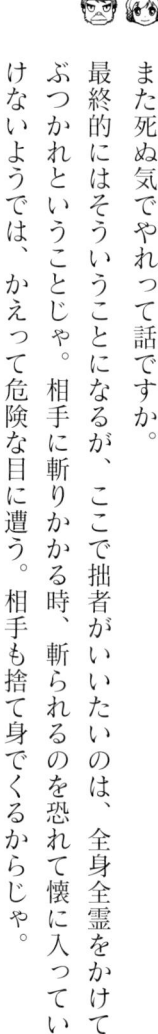

は限らない。

戦闘モードみたいなやつですね。

アドレナリンが出てるから？

生物学的にはそういうことなのかもしれんな。人間は常に１２０％の力で物事に対峙しているわけではない。いや、むしろそれは無理じゃろう。

たしかに疲れますね。

私なんか普通が20％だもん。

それは人それぞれじゃから何も問題ない。大事なのは、いざという時に１２０％が出せるかどうかじゃ。

つまり自分の持っている力を全部出し切れるかどうかってことですね。

１２０％じゃから自分の持っている以上の力じゃ。

そこが知りたいんですよ。普段、私みたいに20％の省エネ運転の人間が、どうしたらいざという時に１２０％を出せるか。

そこはもう信念じゃろう。絶対勝ってやるという。

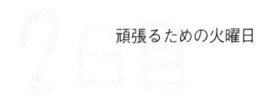

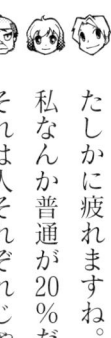

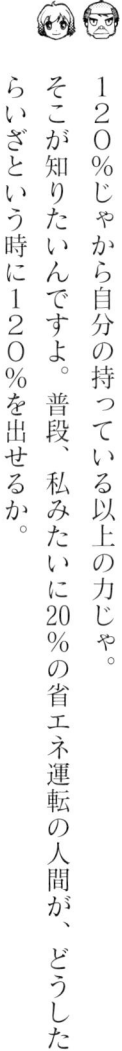

それはみんな持てるんですか？

必ずや勝つという信念を持つか持たぬかは、自分次第じゃ。

仮にそう信じ込めたらもう何でもできるんですね？

よいか、心と体はつながっておる。ゆえに強く願えばそれが体に作用し、ひいてはよい結果を生むことになる。

ああ、それは部活でもいえることですよね。俺、サッカー部だったんですけど、練習きつくて1年でやめたんです。その時まさに監督が同じことといってましたよ。

そうじゃ。気力は肉体の限界を超える。

自分に勝つということは、気力を持って自分の体に勝つということ。

人間には体という限界がある。１００メートルを1秒で走るのはどう考えても不可能じゃ。人間は空も飛べん。しかし、気力に限界はない。そしてもし心と体がつながっているとすれば、気力によって体の限界を超えることも可能なはずじゃ。

私、大事な時いつも風邪ひくのよね。でも気力で乗り越えられるってことね。何だか安心しちゃった。

勝つためにはまず気力、体が持つかどうかはその気力次第じゃ。安心せい。

頑張ります！

合格〜〜!!

いつ頑張ればいいの？

先生に乗せられてだんだんやる気にはなってきたんですけど、いつ頑張ればいいかわからなくて……。

そうなんですよ。やる気になったらそれでいいっていっても、やっぱり実際に始めなきゃいけませんよね。受験だと夏休みくらいからっすかね？

ただ今がその時、その時がただ今。

え？

夏休みからだとか、明日からだとかいっておるから、いつまでたってもやらんのだ。いつやるの？　今でしょ？

え、それって……。

この人わざとだよ。突っ込まなくていいよ。

と、ともかくじゃ。よく聞くがよい。

いざという時と平常とは同じことである。これを別々に理解しているから、いざという時に間に合わないのである。

そもそも日ごろからちゃんとやっておかないと、いざという時に役に立たん。つまり、何事も思い立ったら即始めんことには、手遅れになってしまうということじゃ。

そんなことといわれても、いきなり何をやっていいのやら。

何も完璧な形で始める必要はないし、それは不可能じゃ。まずはできることから始めればよい。まったく何もせずにいきなりやるのと、少しでも何かやり始めておいて、いざという時本格的に始めるのとはまったく違う。

ウォームアップしておくって感じですか?

そういってもよかろう。急に全速力で走っては、かえって体によくない。スピードも出んじゃろう。

なるほど。サッカーと同じか。

平時と有事は区別しちゃいかんのだ。

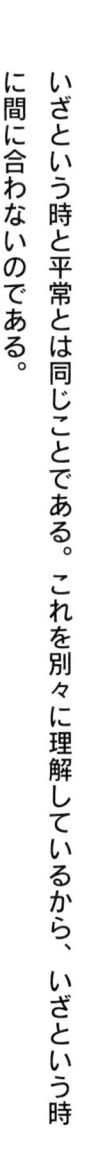

武士らしい言葉ですね。いつ襲われてもいいように構えてるってことですね。

武士の気持ちがわかってきたな。

やったぁ！　武士ガールになれるかしら。

そんなこといっているうちはまだまだじゃがな……。

先生、勉強の頑張りどころはわかったんすけど、やる気を失っちゃった時はどうすりゃいいですか？

ほう、何があったのじゃ？

いや、たいしたことじゃないんですけどね。俺、せっかく学級委員やってやろうと思って去年の春、立候補したんすよ。なのにどこかの担任から、お前は環境委員やれっていわれちゃって。そりゃわかりますよ、勉強しない、生活態度が悪い俺が学級委員なんてできないだろうって思うのも。

でも、あんたあれをきっかけに生まれ変わろうと思ったのにね。

そうなんだよ。それ以来、余計に腐っちゃったんだよ。環境委員の仕事あまりしなかったのもあのどこかの担任のせいだね。

バカも〜ん!!

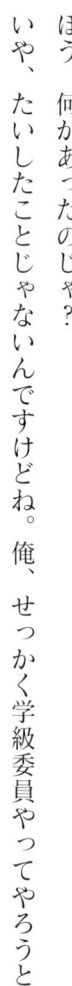

げっ、だから大きな声を出さないでくださいって。今は源先生じゃなくて武士なんでしょ？

そんなことをいっておるのではない。お主が愚かなことをいうから怒っておるのじゃ。よいか、お主はもったいないことをしたのじゃ。

もったいないこと？

せっかくのチャンスを逃したということじゃ。『葉隠』の言葉によく耳を傾けるのじゃ。

つまらぬ役を与えられた時には気分を腐らせてしまうことがある。これがよくない。もったいないことだ。現在、それなりの仕事をしている者が、水をくめ、飯をたけと命じられた時、少しもそれを苦にせず、一段と積極的に働くのが真の奉公といえよう。

誰しもいい仕事を与えられれば頑張るに決まっている。むしろそうでない時こそ頑張らねばならぬ。そこが人間の評価の分かれ目じゃ。

バイトとおんなじですね。接客がしたかったのに、最初は皿洗いだったんです。で

も、頑張ってたらすぐに店長が接客に回してくれました。一緒に始めた子で、嫌々やってる子はまだ皿洗いなのに。

みんな見ておるのじゃ。担任も店長も。そしてお主らがどれだけ逆境に強いか試しておるのじゃ。

げっ、ということは、先生もわざと俺を試したってこと？

そういうことじゃ。そしてお主は期待に応えられなかった。

そんな～。俺は別に試してもらわなくても、最初から学級委員をやらせてくれれば、頑張りましたよ。

それではお主が成長しない。人生というのは、やりたいことばかりやれるわけではない。拙者もそうであった。それでも自分に与えられたこと、やれることをきっちりとこなす。その暁に、ようやくチャンスが回ってくるのじゃ。その耐える過程が、自分を強くする。

でも、ずっとむくわれなかったら？

そうそう、担任に見る目がなくて、せっかく俺が環境委員を頑張ってても、わからないかもしれませんよ。担任なんてずっと俺たちのことを監視してるわけじゃないんですから。ホームルームの時に顔出すくらいっすよ。

そ、それは顔つきを見ていればわかる。どれだけ頑張っているかは顔に出るのじゃ。

俺、顔なら自信ありますよ。

自分でよくいうわね。

お前のタイプじゃないだけだろ？

か、顔はね。

わかった、もうよいわ！ そういうことではない。『葉隠』にこう書いてある。

今の今を一心不乱に念じて生きることである。みな魂が抜けているように見える。活気のある顔というのは、一心不乱に何事かを念じて生きている時のものだ。

男前だとかそういう話ではない。あくまで活気のある顔をしておるか否かじゃ。そしてそれは一心不乱に何事かを念じておれば、自ずと表れてくるものじゃ。

たしかに一流の人ってタイプにかかわらず、いい顔に見えるもんね。スポーツ選手とか。

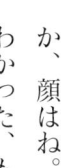

みんな一心不乱にやってるからな。
あんたの顔がそう見えないってことは……。
それ以上いわなくていいよ。
お主の顔がそう見えないのは……。
だから、いわなくていいですって!

何のために頑張るのか？

先生、しつこいようですけど、もう1つだけいいですか？

納得するまで聞くがよい。

どう頑張るかも、いつ頑張ればいいかもわかったんですけど、その動機の部分がいまいち自信がないんですよね。歯を食いしばって頑張る時って、たとえば誰かのためにやるって感じの強い動機がないとダメなんですよ。

まさか彼女のためとかってこと？

別に彼女じゃなくていいんだけどさ。

まったくあんたって人は……。硬派の先生にはそんなのわかんないわよ！

いや、その気持ちはよくわかる。

え、わかるんだ！

拙者自身の場合はこうじゃ。

むしろ7度生まれ変わるなら、7度とも鍋島侍に生まれて、藩の政治に役立つ覚悟、それが肝にまで染み渡っているほどである。

7度？

何度でもといいたいのじゃ。拙者は鍋島藩の侍である。そのことに誇りを感じている。それが動機なんじゃろうな。要は、これと決めた人生にいかに惚れ込むことができるかじゃ。

キャー、男のロマンって感じで素敵！

そう、男のロマンじゃ。お主、吉田松陰《よしだしょういん》を知っておるか？

歴史上の人物ですよね？

そ、それだけか？　情けない。今の日本があるのは、松陰のおかげなのに。あの男は萩の松下村塾という小さな学校で、伊藤博文《いとうひろぶみ》や高杉晋作《たかすぎしんさく》といった数多くの明治維新の立役者を育て上げたのじゃ。

その吉田松陰と先生の武士道が関係あるんですか？

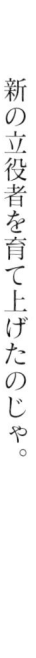

松陰はこの国を変えるために、覚悟を決め、文字通り死にもの狂いで闘った。古い幕府の体制を変えるために恐れることなく権力にたてついたのじゃ。そして何度投獄されても、決してあきらめることはなかった。

たしかに先生がいってることと同じだ。

うむ。だから弟子たちも彼を大変尊敬していたのじゃ。

弟子のみんなも松陰の武士道に惚れ込んでいたってわけですか?

そういってもよかろう。実際、明治維新が成し遂げられたのは、松陰の言葉が弟子たちを発奮させたからじゃ。

ああ、俺もそんな尊敬される人間になりたいなぁ。偉いとかいわれたことないもんな。

お主、自分でそんなことをいってはいかん。松陰は決して自分は偉いなどとはいわなかったぞ。

自分のことを、人から拝まれるだけの価値があるなどと思ってはならぬ。

そうよ、タケシ。自分で偉いなんていっている人を尊敬できるわけないじゃない。

でも尊敬されたいだろ？

尊敬される人は、決して尊敬されるために何かをやっているのではない。それはあくまで結果じゃ。

いいことをしてれば、自然に尊敬されるようになるってことですか？

奉公とはそういうものじゃ。自分はこれだけやっているというアピールばかりしていては、本当の奉公とはいえない。

たしかにそれが見え見えだと、嫌味ですよね。先輩におべっかばっかりいうヤツがいるんだよな〜。

それは先輩もわかるじゃろう。奉公でも出世ばかり気にしておる者は、主君のために働くのではなく、自分の地位を上げるために働いているのが透けて見える。その結果、出世を逃すのじゃ。

それをわかってくれる人ばかりだといいけど。

それがわからんような主君は奉公をするに値しない。

なるほど。こっちも見る目がいるわけか。

その意味で松陰と弟子たちは両想いだったのね。

彼らは美しき師弟愛で、青春を駆け抜けたのじゃろう。

ちょっと待ってください。青春？

松陰っておじいさんじゃないんですか？　伊藤博文って最初の首相でしょ？　首相はおじいさんだから、弟子っていってもおじさんだったんですか？

お主ら知らんのか。松陰は享年30歳、松下村塾で教えていた時はまだ20代じゃ。当時伊藤博文もまだ10代。明治維新の志士たちはみな若かった。

俺らと変わんないじゃん。ショック……。

それで死を覚悟とかってすごいですね。

それはお主らも同じじゃ。まだ若いなどと思っていてはいかん。

死はすぐ足もとまで来ている。大いに精を出して、早めに準備をしておくことだ。

死はいつ訪れるかわからんということじゃ。その時になって後悔せんでいいように、常に頑張る。これが大事なのじゃ。

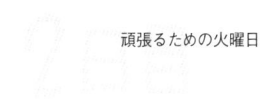

うちのじいさんがよくいってたな。気づいたら年寄りになってたって。

うちの親もいってるわよ。若いうちに頑張っとかないとすぐ年取るって。

いつかやろうと思っていてもダメなのじゃ。それでは死ぬまでやらん。早め早めに動き出すことじゃ。早すぎていかんということはない。

いつか死ぬなんて考えないもんな。

でも、そういわれると何だか焦ってきたわ。私まだ何にもしてないのに死んじゃうなんて。

それに気づけばしめたものじゃ。多くの人間はそのセリフを80歳くらいになってからいう。でも、今ならまだ間に合うのじゃ。物事を始めるのに遅すぎるということはない。覚悟を決めた時から、人生の時間の使い方が変わってくるはずじゃから。

俺、今まで死ぬことなんて考えるのは不謹慎だと思ってたけど、そんなふうにとらえると何だか前向きな話になりますね。

わかってきたな。武士道の死ぬ覚悟は、前向きな話なのじゃ。死にもの狂いもそう。死というものは、決して避けることができぬ。ならば、いかにしてそのエネルギーをプラスに変えて用いるかじゃ。

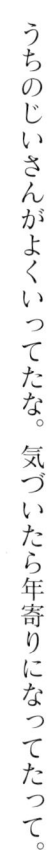

死のエネルギーをプラスに変える？

死は生の反対では決してないはずじゃ。生の延長線上に死があるだけ。だから死を生に取り込んで考えればよい。それが拙者のいう、死の持つエネルギーをプラスに変えて生きるということの意味じゃ。

何か、武士道の本当の意味が見えてきたような気が……。俺もちょっと吉田松陰とか明治維新のこと勉強してみよっかな。

武士道の影響力、恐るべし。

フフフッ。まだまだこれからじゃ。

すぐに取りかかれません

そういえば先生、俺はいつも取りかかるのが遅いっていわれるんですけど、これは何とかなりますか？

たとえばどういう時にいわれるのじゃ？

朝、学校に行く前も準備が遅くて、昔から親に早くしろっていわれ続けてます。

あんた学校でもそうだよね。先生から宿題はもっと早く始めろっていわれてるもんね。

なるほど。お主は「だらりだらり」じゃな。

へ、ダリダリダ？

「だらりだらり」じゃ。

何ですかそれ？

人間のタイプの１つじゃ。

奉公人には4種類ある。「急だらり」、「だらり急」、「急々」、「だらりだらり」

つまり、「急だらり」というのは、すぐ理解するが、結局時間のかかってしまう人。「だらり急」とは、理解は遅いが、いったんやり出すと速い人。「急々」とは、すぐ理解しかつすぐにやり遂げる人。「だらりだらり」とは、理解も遅いし、時間もかかる人。お主はそれだということじゃ。

アハハハハ。最高のニックネームじゃない。「だらりだらり」だなんて。

おい、からかうなよな。お前だってその分類だと「急だらり」じゃないか！

理解が速い分だけマシよ。

「急だらり」はたしかに多い。困ったもんじゃ。「だらりだらり」よりかはよいがな。

一番いいのは「急々」でしょ？

さよう。だが、なかなかおらぬものじゃ。それに近い者はおるが。だから常に「急々」を目指さねばならぬ。

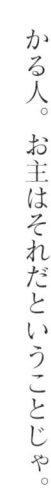

その意味では、「急だらり」は救いがありますね。

はいはい。どうしてもそう持っていきたいんだな。

先生、４つのタイプはわかったんですが、どうすればその「急々」になれるんですか？

それは前にも話をしたように、時間に対する意識を変えることじゃ。

時間に対する意識を変える？

生に対する意識を変えるといってもよい。

つまり、死についての考え方のことですね。

さよう。

武士道にとっては、毎朝あの時死んだら、この時死んだらと死を意識し、生に対する執着を切り捨てておくような姿勢が大切なのである。

前に、常に死を覚悟せよといったが、裏返すとそれは生への執着を断ち切ることでもある。だらだらと生きることの何に意味があるのか、拙者は少なくとも疑問に思うのじゃ。

それで何でも急いでやるって、何だか生き急いでるみたいだな。

そんなことはないぞ。何も早死にせよといっているわけではない。大事なのは、時間を大切にするという意識じゃ。

それならわかります。結局だらだらしてしまうのは、時間意識がなくなるからなんですよね。最初はやらなきゃと思って張り切るんだけど。

時間意識か……たしかにないな。

すぐに取りかかれる人間は、常にスケジュールとにらめっこをしておる。そして締め切りを意識して、時間管理をしっかりとすることができるのじゃ。つまり人生の締め切りである死を意識することで、時間に関してもっと敏感になるということじゃ。

死からスケジュール管理の話に行くとは思わなかったな。

先生、何だかできるビジネスマンみたい。

できる武士といってほしいが、まぁ同じことじゃ。拙者の時代の武士、奉公人は今でいうビジネスマンじゃからな。

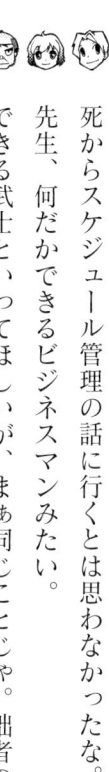

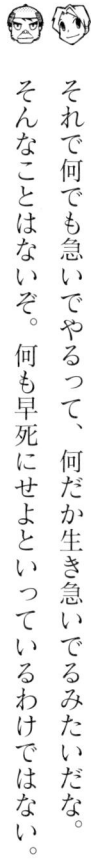

あ、そうか。武士はビジネスマンなんだ。だから武士道はビジネスにも使えるし、現代人の生き方にも役立つんですね。

特にお主のような「だらりだらり」にはな。

だからその呼び方やめてもらえます？

これは失礼申した。とにかくじゃ、ライフスタイルを変えねばならぬ。拙者がいいたいのはそのことじゃ。

具体的にどんなライフスタイルがいいっていうのはありますか？

そうそう、モデルがないとね。

手のかかるヤツらじゃ。よかろう。拙者が父から授かった心得の1つを紹介しよう。

朝は4時に起きて、毎日行水をし、髪を整え、日の出のころには食事をし、日が暮れたら休む。

できなさそー。

すごいきっちりした日課ですね。毎日これですか？

さよう。毎日これじゃ。毎朝４時に起き、水を浴びて、髪を整え、きちんと食事を摂り、勤めの後は夜更かしせずに寝る。

何だかうちのじいさんの生活に似てるな。あの人、朝早くから農作業した後、風呂入ってるもんな。で、夜は自分だけ早く寝るから、よくうるさいって怒られるんだ。さすがに髪は整えないけど。

そういうきっちりした生活って疲れそう。

逆に乱れた生活を送るほうが疲れるものじゃ。夜更かしをすると、翌日つらいじゃろ？

たしかにそうですけど。

でも、夜早く寝るのって、できるビジネスマンのイメージじゃないな。

何をぬかしておるか。朝型勤務のほうが効率も上がるのじゃ。

へぇー。そうなんだ。うちのおやじにいってやろう。

とにかく「だらりだらり」を卒業したければ、このライフスタイルを少しでも真似てみることじゃ。少なくとも早寝早起きをして、規則正しい生活を送ること。これは最低限の生活改善じゃ。

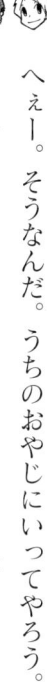

お肌にもよさそうなので、私実践します。

まぁ、俺は急には変われないので、徐々にやってみます。

それが「だらりだらり」だというのじゃ！

はい、ごめんなさい。すぐやります！

2日目のまとめ

・早くから勉強する習慣を身につけ、目的意識をしっかりと持って、毎日成長をたしかめながら進めるとよい。

・やる気になって、捨て身でぶつかれば、こっちのもの。気力は肉体の限界を超える。

・いざという時に備えて、日ごろから頑張っておく。また、嫌な仕事も腐らずにやる。

・何かに惚れ込んで一生懸命やればよい。そうすれば人からも尊敬される。死を意識して、後悔しないよう常に努力する。

・すぐに取りかかる癖をつける。時間に対する意識を変えて、規則正しい生活を実践すればよい。

3日目

自信を持つための水曜日

なぜか自信を持てません

3日目ともなると二人ともさすがに疲れが出てきていた。何しろタケシとハヅキにとって、こんなに朝早くから真面目に勉強したのは人生初だったので。でも、二人は武士道の精神にならって早寝早起きし、今日もまた遅刻せずに先生を待っていた。

さすがに少し疲れた顔をしておるな。

いや、大丈夫っすよ。昨日も先生の教えにならって早く寝ましたから。

私も。ただ……。

ただ？

あの、いくら教えを受けても、なぜか自信を持てないんですよね。もともとそういう性格だからかもしれないけど。

話を聞いているだけでは、たしかにそうかもしれん。その時は自信が出ても、人間

というのは、結構簡単に忘れてしまうものじゃ。よし、さらばこの紙に何でもよいから書いてみよ。

え？ それ終業式の日に配られた「春休みのすごし方」を書いたプリントじゃないですか？

裏面の白紙の部分を使うのじゃ。何でもよい。何か書いてみよ。タケシ、お主もじゃ。

えーっと、私の名前は……。

何をそんな小さい字で書いておる！ これは作文ではない。拙者なら大きく一字だけ書くぞ。しかもはみ出すくらいに。紙など破れてもよい！

心理テストか何かですか？

そんな面倒なものではない。『葉隠』にこうある。

上手下手をいうのは書道家の仕事だ。武士は思い切りよくやるくらいでよいのだ。

技術など気にせず、何でも思い切りやれということじゃ。我われはついつい作法を

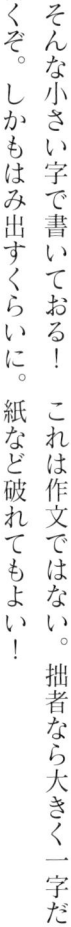

気にする。それで、自分が劣っていることを気にして、自信を持てないのじゃ。しかし、何でもプロになれるわけではない。武士は武士らしく、思い切りよくやればよいのじゃ。

俺たち武士じゃないんだけど……。

されど武士道の精神は身につけられるじゃろ？

は、はぁ。

よし、「私」っていう字を大きく書きます。これが私だっていう意味で。

その調子、その調子。

じゃあ俺もいくぞ。破れるくらいに力強く、「大」って字を書きます。大きく生きたいんで。

よかろう。破いてしまえ！

へー、不思議ね。字を書いただけなのに、何だか自信が湧いてきたわ。

それはよかった。言葉だけじゃなく、何かこうやって手を動かして形にしてみると、より自信を持つことができる。お主は今、自分らしく自分を表現することに成功したのじゃ。

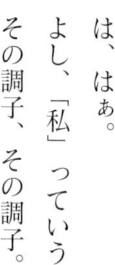

普段、学校でもこういうふうに教えてくれたらいいんだけどな。何だか形式を重視してるっていうか、つまんないんだよな。

そうじゃないと役に立たないと思ってるんじゃない？

実際にはそれはまったく逆なのだがな。

礼儀作法を教える役人の口伝に、時宜《じぎ》という字をダテと読ませたものがある。少しは伊達なところがなければ時宜に適した行動ができないということだ。

伊達って、伊達男の伊達ですか？

しゃれたとか、ちょっと型を崩したというような意味じゃ。時宜はその時に合ったという意味じゃから、まるで逆の意味になる。

型を求められているのに、それを崩すということですか？

そういうことじゃ。そうでないと時宜に適した行動はできん。よいか、たとえば書でも音楽でも、それを生業にしている者は、みな型をしっかりと身につけたうえで、あえて崩している。だから人気があるのじゃ。

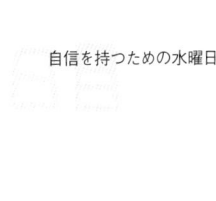

自分流にっていうか。

だからカッコいいのね。

芸能だけではないぞ。考えてもみよ、今の世の中何が起こるかわからん。なのにあらかじめ用意したものしか使えんとしたら、役に立つわけがない。

たしかにそうよね。臨機応変にやらなくっちゃね。

いやー、どんどん心が軽くなってきました。俺とにかく練習が嫌いなんで。

それがお主の悪い癖じゃ。

え?

自信を持つということは、いい加減でいいということとはまったく異なる。修行は常に欠かしてはならん。修行をせずに自信が生まれることはない。

やっぱりそうなんだ……。

修行と自信の関係について、いいことを教えてやろう。

今日は昨日より腕が上がり、明日は今日より腕が上がるというように、一生かかって日々に仕上げるのが道というもので、これは終わりがない。

つまり達人になれば、上達に終わりがないことに気づく。そうして今日の自分に勝つことを目的にするようになるのじゃ。その意味では、誰も絶対的な自信など持てないことがわかる。

やればやるほど奥の深さがわかるってことね。よかった。どんな人でも絶対的な自信なんて持っているわけじゃないんですね。

その通り。したがって、最後は自分がどれだけ成長するかという話になる。それで昨日よりも少しでも成長していれば自信が出るだろう。

だから毎日修行しないといけないんですね。

自信を持つためにもな。

それで前の日より力が落ちてたらがっかりですよね。

しっかりと修行をしておれば、そのようなことはありえない。人は必ず伸びるものじゃ。

だけど、英単語1つ覚えても、3つ忘れたら伸びたっていえませんよね？

ならば4つ覚えればよい。プラス1になるじゃろ。

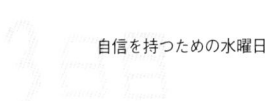

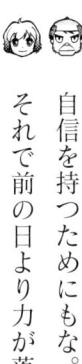

うっ、そういうことか。

あるいは、仮に3つ忘れても、新しく何かを学んだことには違いない。それは成長だといってよい。数だけが問題ではなかろう。とにかく前に進むことが成長じゃ。

そして前に進んでいると自分が思える限り、自信になる。

そうか！　自分がそう実感できればいいだけなのよね。本当は後退してても。

そういうことじゃ。

肉食系ではダメだといわれます

自信は湧いてきたけど、今の時代、これって本当にいいことなのかな？

どういうことじゃ？

よく、もっと爽やかになれっていわれるんすよ。

爽やか？

あ、つまり、ガツガツしてない大人しい感じの男の子って意味です。そういう男子のほうが今は好かれるんです。

何を情けないことをいっておるのだ。

ですよねぇ。俺はどっちかっていうと肉食系のガツガツタイプなんで、そんなこといわれても困るんすよ。

悩まずともそのままでよい。

近ごろの男を見ると、いかにも女性のように思われる者が大部分であって、これぞ男と思えるような者はまれである。だから近ごろは少しの努力で、簡単に人より上に行くことができる。

へー、江戸時代からそうなのね。

切腹の介錯もできんヤツが増えておる。

それは俺もちょっと勘弁してもらいたいっすけど。

まぁ、時代が違うからな。

少しの努力で人より上に行けるというのはどういうことですか？

つまり、なよなよした男が増えているので、競争が緩くなっているといいたいのじゃ。

でも、今の時代はそう簡単にはいきませんよ。だって、たくましい女子が増えてて、男子も女子と争うことになりますから。

大変な時代じゃのう。江戸時代はそこまで男女が競争することはなかったが。

女子がみんな武士道なんかマスターして、それこそ肉食系ばかりになったらどうしよう。俺たちますますダメになっちゃうよ。勉強ももっとやらないといけなくなるし。

ばかも～ん！

出た。

鼓膜が破れますよ。

最初からびびっておっては、勝てるわけがない！

じゃあ、どうすればいいんですかぁ？

お主、本当に肉食系なのか？　では、ケンカの仕返しについての話はどうじゃ。

相手が何千人でもよい。かたっぱしから撫で斬りにするぞという意気込みでかかってゆくまでで、仕返しの意図も果たせるものだ。

肉食系というより、もう飢えたライオンですね。

これくらいの気迫がないと、勝負には勝てぬ。

でも、実際のところ相手が何千人もいたら無理でしょ？

それを言い訳というのじゃ。ならば相手が何人ならいいのだ？

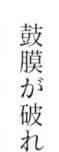

そりゃ、1対1じゃないと無理っすよ。

その相手が剣の達人でもよいのか？

それは困ります。そんなのずるいですよ。

1対1ならいいといったではないか。

その相手がよりによって剣の達人ってのは卑怯でしょ。

ほう、お主はケンカの相手の能力を選べるのか？

そうよ、あんた事前調査でもしてからケンカしてるの？

いや、俺だって勝ち目があるかどうかくらいは探るよ。

そんなのすぐにはわかんないじゃない。

いやそれはだな……。

それみてみぃ。またみにくい言い訳をしておる。つまり、戦いにいい条件などないのじゃ。常に厳しい状況にある。それでも我われは戦わねばならぬのじゃ。その場合、実際に斬りかかって行った者だけに勝つチャンスは与えられる。

説得力あるわ。これが本物の肉食系ね。口ばっかりの誰かさんとは大違い。

ちょっと待てよ。どう考えてもおかしいでしょ。何千人に斬りかかれなんて。

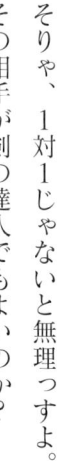

何よ、あんたいつも偉そうなことばっかりいってるくせに。

さすがの俺だって、何千人とケンカして勝てるなんていったことねぇよ。

お主を見ていると、ある中国の男の話を思い出す。

常々は大きなことをいって、いざという時には言葉ほどでもない人間も少なくない。

中国に竜の大好きな男がいて、とにかく竜を描いていたのじゃ。ところがある日、本物の竜が出てきたら、びっくりして気絶したという笑い話じゃ。でかいことをいっているヤツに限って、大したことはない。

ひどいな。俺は気絶なんてしませんよ。

言葉よりも行動で示せる人間になることじゃ。

武士ってそういうイメージですよね。

高校生なら野球の千本ノックとか、計算問題を千問解くとかいうイメージじゃな。いずれにしても行動が大事じゃ。もっとも、言葉に意味がないとか、無力だということではないがな。

そういえば時代劇なんて見てると、大きな声で斬りかかりますよね。

よいところに目をつけたな。そうなのじゃ、あれは自分に対しても相手に対しても、気迫で負けぬようにやっておるのじゃ。

それで先生も声が大きいのね。

使えるものは何でも使って戦う。それが武士道じゃ。

よし、とにかく行動するぞ。爽やかでなくたっていいや。問題解きまくるぞ～。

別に、問題は爽やかに解けると思うんだけど……。

ビッグになりたいです

先生はビッグになりたい人ってどう思います？

何いってんの、急に？

ビッグになりたいのか？

うちのおやじがよくいうんですよ。ビッグになれって。おやじ自身田舎の出身なんで、都会に出てきてビッグになりたかったんでしょうね。結局普通のサラリーマンですけど。

あんたその影響を受けてるわけね。

先生は出世とか興味ないんでしょ？

いや、そんなことはない。

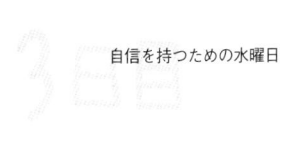

え、意外ですね。

そうではない。出世するのが必ずしも卑しいことではないからじゃ。大事なのはその目的の部分にある。何のために出世をしたいのか。

卑しくも侍なら、出世争いの真っただ中はいうに及ばず、地獄の真っただ中にでも恐れず飛び込んで、主君のお役に立たなければならない。

主君の役に立つために出世が必要ならやる。必要でないならやらない。それだけのことじゃ。

自分自身がビッグになるのが目的ではダメだということなんすね。

もちろん主君がいない今の時代なら、自分自身が主君だと考えてもいいじゃろう。そうすれば、自分のためにビッグになるということもありうる。ただ、なぜビッグになるのかはよく考えたほうがよい。

ただビッグになるって、何だか滑稽よね。コンプレックスの裏返しっていうか。

逃げてしまうよりはマシじゃがな。中には世捨て人を装って、戦うことから逃げるヤツがおるのじゃ。「徒然なるままに」などといってな。

あっ、それって『徒然草』ですよね。あれダメなんですか？

おお、吉田兼好を知っておるのか。

そのくらい知ってますよ。古文の時間に暗誦させられますから。

あいつは武士として働けないから、あのようなものを書いたのだ。暗誦するなら『葉隠』のほうがよっぽどよい。

それもどうかと思うけど……。

とにかくビッグになることが必ずしも悪いことじゃないとわかって安心しました。

悪いどころか、特に成り上がった者は称賛すべきじゃろう。

でも、成り上がりって悪い意味で使いませんか？

そんなことはない。

もともといい家柄に生まれた人よりも、低い身分から出世した人はそれだけの徳があるのだから、より一層敬わねばならない。

つまり、勝ち残ってきたわけだから、何かすごいところがあるはずだということじゃ。しかも下からな。

うちみたいに普通の家庭からでもビッグになれるんですね。何だか勇気づけられるなぁ。

私もそういう話大好き。家柄のいい人が出世するのは当たり前でしょ。そうじゃない人が出世するのは、きっとすごい能力があったり、努力したりしたからよ。

俺、頑張ります！

出た、単純思考。

うるせぇ！

お主は決して単純なのではない。きっと前向きなんじゃろう。

先生、さすがわかってる。

まぁ、愚痴ばっかりこぼしてるよりはいいけど。

そう、愚痴ばかりこぼしていては、成功しない。前向きに考えることじゃ。

ありがたいことに気づかず、みな愚痴をこぼしているのはとんでもないことだ。すぐに盃を出してお祝いしよう。

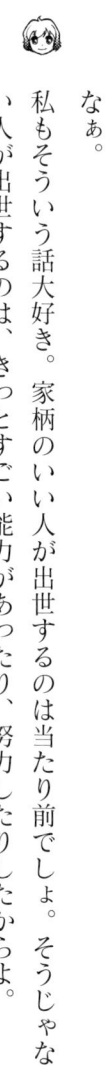

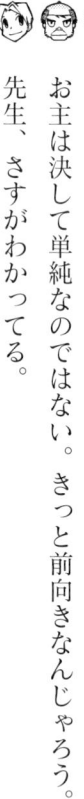

何のお祝いですか？

主君から浪人を命ぜられた家の者たちがふさぎ込んでいた。浪人を命ぜられるというのは、今でいうリストラじゃ。

げっ、それはふさぎ込むわ。うちのおやじがそんなことになったら、母ちゃんはしばらく寝込むだろうな。

なのにお祝いなんですか？

実はこの殿さまは、その男の先祖代々の活躍を考慮して、跡継ぎは認めるといってくださったのじゃ。当時にしては寛大な措置じゃ。自分はクビでも将来子どもが復活する可能性はあるからのぅ。そこへちょうど拙者の父が現れて、この点に着目し、前向きになろうと呼びかけたわけじゃ。

ビッグになるには、どんな暗い時でも前向きになれって話ですか？

そういうことじゃ。少しでも前向きに進まない限り、その先成功することはありえない。

つらいことで、逆にお祝いだなんて。さすが武士だわ。

でも、リストラとはね。武士はつらいよ……か。

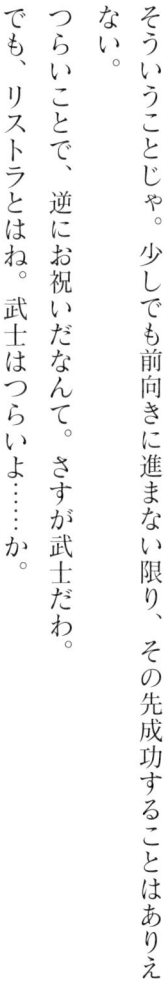

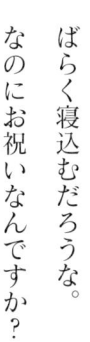

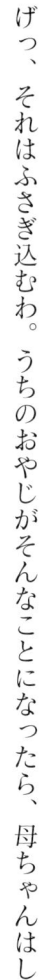

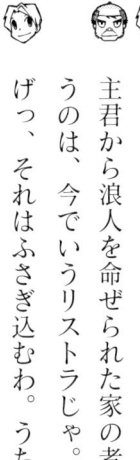

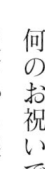

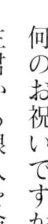

お主、それをいっちゃあおしまいよ。
寅さんね……。スルーしよ。とにかくあんた、さっき頑張るっていったじゃない。
だよな。よし、目的意識を持って前向きに頑張るとするか。父ちゃん、俺ビッグになるぜ～。

マニュアル派です

ところで先生、今授業してもらっているのをまとめた本とかないんですか？

『葉隠』がそれに当たるじゃろう。

『葉隠』は難しいじゃないですか。だからもっと簡単にまとめたものがあればいいなと思って。その通りにしていれば、間違えたり失敗したりしないじゃないですか。

そんなマニュアル人間にはならんほうがいい。

え、どうして私がマニュアル人間だって知ってるんですか？

さっきのお主の発言からすぐにわかるわ。

そうなんすよ。こいつ何をやるにしてもお手本を見て、その通りにやるんですよね。

そのほうが間違いがないのよ。

間違えることは何も問題ではない。その中から学んでいけばいいのじゃ。

でも、マニュアルがないと迷って結局失敗することになるじゃないですか！

失敗することを恐れてはいかん。それに戦場ではむしろ無分別なほうがよい。戦場で理性はかえって命取りじゃからな。

マニュアルとはどうつき合えばいいんすか？

戦のためのマニュアル、作法に関していうとこうじゃ。

なまじ軍法などを聞き知っていると、迷いばかりが生じて、容易に決断が下せない。自分の子孫には軍法など決して学ばせないように。

いちいち考えていては、一瞬の判断に迷いが生じるということじゃ。そして戦場では一瞬の迷いが命取りになる。

体で反応しろってことっすか？

そうともいえる。もう少しわかりやすくいうと、その場に合わせて臨機応変にやれということじゃ。

たしかにマニュアル覚えてても、少し違うと考え込んじゃうもんね。バイト先でも完全にマニュアル覚えてるのに、ちょっと違うことがあると頭が真っ白になるのよ。で、大失敗。

マニュアルとまったく同じ状況になるほうが不思議だと思わんといかん。

でも、その場で臨機応変に判断するためにはどうすればいいんすか？

それは実践あるのみじゃろう。経験が人を強くする。

机の上での勉強より経験が大事ってことですか？

役に立たん勉強ならな。たとえば武士が仏教をやっても仕方なかろう。まぁ、拙者も若いころ仏教から慈悲心を学んだのは事実じゃが、武士にとってはそれだけではどうにもならぬ。

若い武士にとって仏法などは、隠居した老人が道楽半分に聞くくらいのがよいものである。

手厳しいわね。

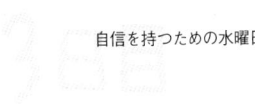

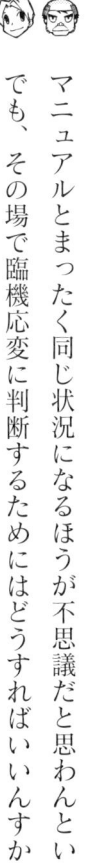

仏教にもいい点はあると思うんだけど。うちは仏教だからばあちゃんがよく慈悲の心は仏教の心だっていってましたよ。

武士は忠と孝、勇気と慈悲を意識しておれば本分を尽くせる。何も仏教をやる必要はないのじゃ。二股はよくない。

二股っていわれるとわかるような気がするわ。うん、あれはよくないもの。

何こっち見てんだよ！　俺は二股どころか、彼女もいないよ！　彼女のできるマニュアルがあったら丸暗記するよ。

大事なのはマニュアルを覚えることでも、それを学ぶことでもないはずじゃ。

どうせ勝つことが大事だっていいたいんでしょ。

そのとおり。ただし、それは戦の話ばかりではない。自分に勝つためにもそうじゃし、人生に勝つためにもそうじゃ。

勝つためには手段なんて選んでられないこともあるからなぁ。

とっさの判断のおかげで勝つこともある。

そうっすよね。ハヅキもさ、もうマニュアル派は卒業したほうがいいよ。

私……たぶんマニュアルがないと不安なのよ。昔から妹ばかりかわいがられて私は放ったらかしだったから、ずっと自分で勉強してきたのよね。参考書が親代わりっていうか。そのせいで学校でも真面目に授業を聞かなくなったんだけど。とにかく何事においても参考書みたいなものがないと自信持てなくて。

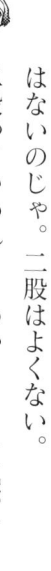

それなら解決策はある。もっと集中すればいいのじゃ。お主がやるべきことにな。

やるべきことに集中する？

さよう。没入するといってもよい。

1つのことに没入する境地。みな自分の職務に没入する境地でなければならない。

たとえば拙者の場合、連歌の会席に出る際は、前日から心を落ち着かせ、歌集をよく見ておくようにしておる。そうすれば、本番では集中できる。もはやマニュアルなどいらぬわ。

だから頭の中でシミュレーションを繰り返しておくってことなんですね。

サッカーでもイメトレは大事だもんな。

その通りじゃが、イメトレはあくまでイメトレにすぎぬ。それができるのは、実践経験があるからじゃ。頭ではなく、体で覚えたものしか、体は反応してくれん。

集中と実践か。いきなり全部のマニュアルを捨てることにはならないかもしれないけど、私、やってみます！

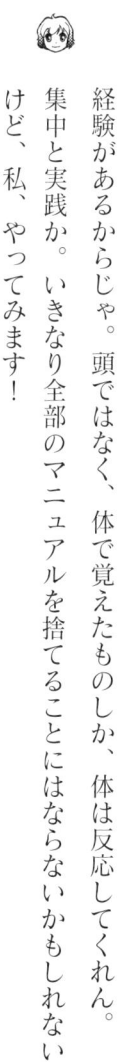

愛国心はいけないの？

ところで、最近グローバル、グローバルっていうじゃないっすか。だから俺も、狭い日本から出て海外で仕事したいなとか思うんですけど。

アメリカとか憧れちゃう！

たしかに。何かとかっこいいもんな。

お主らはいったい何をいっておるんじゃ！　もっと自分のお国に自信を持て。

いいところは真似すればいいじゃないすか？

それではいかんのじゃ。

お国ぶりは、すべてが田舎風で、素朴なところが何よりの宝なのであって、よその様子を真似てみたところで、それはしょせん偽物にすぎない。

どの国にもいいところがある。だから真似などする必要はないのじゃ。

それって愛国心を持てということですか？

そうじゃ。武士道はお国のためにあるといってもよい。江戸時代のお国は自分の藩、今でいう地方自治体を指すわけじゃが。

何だか愛国心って怖い感じがするのよね。

わかるわかる。戦争のイメージっていうか。

戦争？

歴史とかでそうやって習ったんですよ。

たしかに戦争中、武士道が引用されたことはある。愛国心も含めてじゃ。『葉隠』も例外ではない。

武士道は死ぬことだとか聞くと、いかにも戦争向きですよね。

実にいい迷惑じゃ。表面的にとらえて武士道と戦争を結びつけるなどとは。

そうだったんですね。

愛国心が誤解されてたってことか。

考えてもみんか、自分を育ててくれた街じゃぞ。愛して何が悪い？

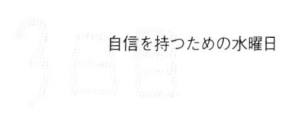

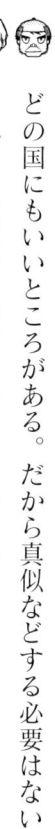

そう聞くと自分の街が愛おしく思えてきたわ。私も地元好きだもん。

でも、うちの周りなんて何にもないぜ。好きになれっていったって、いったいどこを……。

それがいかん。もしも本当にお国を愛しているなら、自分が変えればよい。

何事でもそれを念じてなそうと思えばできないことはない。

そんな。念力じゃないんだから。

こんなエピソードがある。昔は北山にはマツタケはなかった。それを上方で見た者たちが、自分のお国にもこれがあればと願い続けたところ、いくらでも生えるようになったのじゃ。

マツタケが生えたら最高ね！

もちろんただ念じただけではないじゃろう。本当は努力してマツタケが生える環境に整えていったはずじゃ。

地方の活性化ってヤツかな。

お主なら何を念じる？

ん〜、経済的に豊かになることかなぁ。

どうやって？

マツタケだけじゃ厳しそうだから、石油でも出りゃ働かなくてよくなるからいいな。アラブの国みたいに。

まったく怠け者ねー。

怠けるつもりならよくないが、お国がそういう状態になることを願うのは正しい。『葉隠』にもこんな話がある。

我が藩は代々に仕えてきた侍がほとんどであるから、よその藩に行くなどという心移りも起こさず、誰が教えるともなしに、ここに生まれここに死ぬものと安心しきって、自分の住家同様に思っているので、悠々と朝寝もしておる。これほどの強みがどこの国にあろうか。

みながのんびりしていられるということは、その国が平和で栄えておる証拠じゃ。

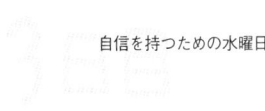

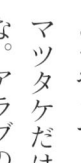

日本も平和ぼけだとかいわれるけど、いいことなんすね。

そうじゃ。平和な国の愛国心。それは決して危険なものでもなければ、いけないことでもない。

アイラブジャパン！

そこ日本語でしょ……。

たしかに。

とにかく、日本をもっと見直してみます。

今のところ平和ないい国だしね。

ただし、ずっとその状態が続くかどうかは、お主ら次第じゃがな。

3日目のまとめ

・思い切りよく、型を気にせずやれれば自信が持てる。昨日の自分より成長していると実感することが大事。

・あれこれと条件をつけずに、行動に移すこと。口先だけの人間は大物になれない。

・ビッグになるには、目的意識をしっかりと持ち、下から這い上がること。愚痴をいってないで、とにかくに前向きに。

・マニュアルがあるとかえって判断に迷う。心を集中させることが大事。臨機応変に対応する。

・それぞれの国には良さがある。また、いい国になるように自らも働きかける。平和でいい国なら堂々と愛国心を叫べばよい。

4日目

人とうまく付き合うための
木曜日

後輩に嫌われてます

4日目はハヅキがほんの少し遅れてきた。しかもふさぎ込んでいる様子でもある。先生は遅刻を注意するつもりだったが、その様子を見て思いとどまったようだった。

どうした、寝坊でもしたか？

いえ、すいません。

何だよ。やけにへこんでるじゃん。

実は……。

何でも申してみるがよい。そのための授業じゃ。

昨日の夜、後輩からメールが来て……。どうやら私、1個下の子たちから嫌われてるみたいなんです。

そんなこと気にすんなよ。何かねたんでるんじゃないの？

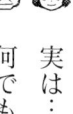

管弦楽部で先生に頼まれて、練習状況の報告をしたの。それがチクッただとか、悪口いっただとか思われちゃって。

それはお前のせいじゃないよ。グチグチいうやつらが悪い。

されど実際に怒っているのには理由もあろう。

ちょっと、先生どっちの味方なんすか？

どっちの味方でもない。物事の本質を考えておるのじゃ。いったいお主はどういう報告をしたのじゃ？

あの子たちが練習もせずに遊んでたんで、そのまま報告しただけです。

げっ、それただのチクリじゃねぇか。

じゃあ、何て報告するのよ？

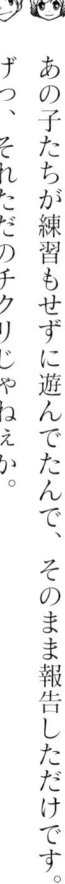

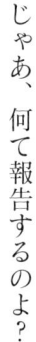

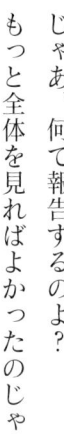

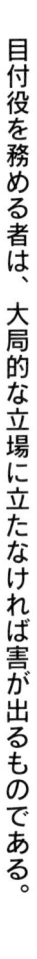

もっと全体を見ればよかったのじゃが……。

目付役を務める者は、大局的な立場に立たなければ害が出るものである。

目付役というのは監察官のことじゃ。本来監察官というのは、殿さまが正しい治世を行うようアドバイスするのが仕事である。にもかかわらず、実際には下の者の悪事ばかり暴き立て、殿さまに報告する役目に成り下がっておる。そこが問題じゃ。

悪があっても目をつぶれっていうんですか？

そうではない。監察官の役目を放棄することになるからな。そうではなくて、小さな悪より巨悪を何とかせねばならぬということじゃ。

それって大局的に見ればわかるもんなんすか？

うむ。たとえば、管弦楽部の例でいえば、後輩たちにしか目が行っていないから本当の問題が見えんのじゃ。もし大局的に部の問題として見れば、もっと大きな問題が浮かび上がるはずじゃ。

そういわれれば、私も練習してないし、全体的にそんな空気なんですよ。先生もあまり来ないし。だから私が報告を頼まれたんだけど。

どうやら、そこに問題があるようじゃな。おそらく部全体の士気が下がっておるのじゃろう。拙者の時代にもそういう藩があった。そういう時はまず、一致団結するように何か共同作業をするとよい。

共同作業ですか？

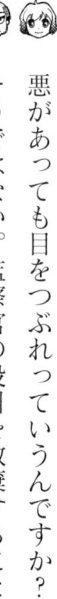

おお、そうだよ。たとえばさ、みんなのやる気が出るように、お菓子を一緒につくってパーティーをするとか？　女子が多いんだろ？

あんたが参加したいだけじゃないの？　でも、たしかに盛り上がるかもね。

これで解決じゃな。案ずるより産むが易しじゃ。

ただ、まだ問題があるんです。私たちもう3年になるから、後輩たちと先生の間に入って大変なんですよ。この前も先生が転校生を第1バイオリンに抜擢したせいで、前からいた子たちが怒っちゃって。私、副部長だから先生に文句いってくれっていわれて。

うまい子が入ったんなら仕方ないじゃん。

しかし、ほかの者のやる気を削いではいかん。人心掌握術の問題じゃ。古くからいる者は新しい者が抜擢されるとひがむもの。そこをうまく納得させんことには、組織はまとまらん。

あの者は、過去に目立った働きをしたわけではないが、気に入った故、気安く使い、雑用をさせているにすぎない。その方たちにはそうしたくだらぬことをさせるわけにはいか

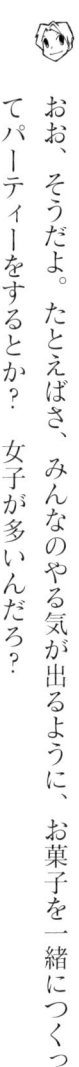

ぬ。いざ戦場での奉公となれば、その方たちに働いてもらわねばならぬのだから。

これは殿さまの言葉じゃ。殿さまは適材適所で人を使う。有能な者がおれば、そやつをうまく使わん手はない。しかし、古くからいる者にしてみれば面白くない。そこで、両方をうまくなだめながらコントロールしていかねばならぬのじゃ。

殿さまも楽じゃないんですね。

殿さまとはいえ、家来がおらねばただの人じゃ。誰もついてこなければ意味がない。

そうか、みんなをうまくなだめながら、まとめないといけないんですね。

人の上に立つということはそういうことじゃ。

先生、もうすぐ1年が入ってきますが、後輩たちに好かれるにはどうしたらいいんですか？　俺もあんまり下からウケがいいほうじゃないんですよ。

『葉隠』の中にこんな話がある。勝茂《かつしげ》公という殿さまが大きな猪を仕留められた。ところが、その猪がまた暴れ出したので、部下たちは慌てて逃げ出したのじゃ。これは武士にとって相当みっともない姿といっていいじゃろう。そこでこの引用じゃ。

この時、勝茂公は「ごみが立つわ」といわれ、顔を袖でおおっておられた。これは人々がうろたえ騒ぐさまを、ご覧にならぬためだったのである。

つまり、殿は部下の醜態に気づかぬふりをして心配りをされたわけじゃ。

素敵！　こういう人についていきたいわ。

そうじゃろ？

なるほど、こういう態度を取ればいいんですね。俺だったら逆にどやしつけてたな。

それでは誰もついてこなくなる。相手に恥をかかせてはいかん。

それ武士っぽいすね。恥をかかせないというのは。

要は上下関係があっても、相手の気持ちを慮《おもんぱか》ることじゃ。そうすれば自然に人に好かれるようになるはずじゃ。

そっか、私の配慮が足りなかったのね。それで後輩たちが怒ってメールを送ってきたんだ……。

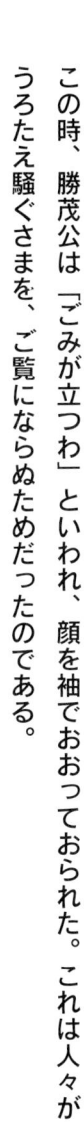

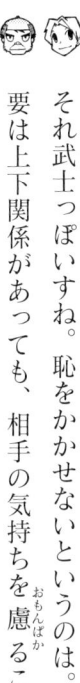

自分を責める必要はないが、物事は大局を見なくてはわからんものじゃ。

今日はしっかりメモりましたよ。えーっと、大局的な立場から見て問題を解決する。そしてみんなをなだめ、恥をかかせないようにする。

お、素敵な笑顔が戻ったね。

茶化さないで。

まあ、とにかく元気になったからよかったじゃん。

遅刻は帳消しにはならんがな。

え～、そんなぁ。そこは気づかないふりしてくれないんですか！

八つ当たりしてしまいます

今日の遅刻のことなんですけど、実は後輩からのメールでへこんでただけじゃなくて、親とケンカしてたこともあるんです。

なぜ朝からケンカをするのじゃ？

私がお母さんに八つ当たりしちゃったんです。メールのせいでイライラしてて。

気持ちはわかるけど、それはお母さん、災難だな。

先生、『葉隠』には八つ当たりのことも書いてあるんですか？

もちろんある。忙しい時、事情を知らない人に対してギスギスした応対をするのはいかんという話があるが、これは八つ当たりをしてはいかんということじゃ。少し見てみよう。

特別忙しい時に、それを知らぬ人が来て、何の気なしに用事をいうことがある。そうした

場合、応対悪く、腹を立てる者がいるが、極めてよろしくないことだ。そのような時にこそ気持ちを落ち着かせて、行き届いた応対をするのが侍の心得である。

これは役所の応対の話なのじゃが、一般にも当てはまるじゃろう。忙しい時ほど気持ちを落ち着かせるべきということじゃ。

イライラした時に落ち着けるかなぁ？

いったいどうやって落ち着かせればいいんすか？

お主がイライラするのはわかるが、相手には何の落ち度もないじゃろう。

それはわかってるけど……。

相手の気持ちになれば、自分の怒りを他人に転嫁するのが筋違いであることはすぐにわかるじゃろう。

よく考えたら当たり前のことなんだけどなぁ。

その当たり前のことが、カッとなっている時には見えぬものじゃ。

だから冷静になれってことなんですね。

よく思い返してみるのじゃ。

まぁ、そういわれると、お母さんも忙しかったり落ち込んだりしている時があるはずなのに、私にはそんな素振りは見せないようにしてるかも。

そのとおりじゃ。それにそもそも人間はイライラする必要などない。

それは無理でしょ。

そうですよ。怒るなってことでしょ？

怒るのにはちゃんと理由があるんですよ。

その理由をよく考えれば、意外と怒る必要のないものであることがわかるものじゃ。

ちょっと待ってくださいよ！　たとえば、親や先生から注意されたらイライラしますよね。

なぜイライラする？　物事を教えてもらってイライラする人間がいるかな？

は？　注意されるのと何かを教えてもらうのとは全然違うでしょ？

いや、同じじゃ。

自分の気に入らぬことが、本当は自分のためになることである。

たとえば、教訓は時に耳が痛いものじゃ。しかしそれを知ることでためになる。親や教師が注意するのは、お主のためを思ってのことじゃ。そう考えると、感謝したくなるじゃろう。

それで注意と何かを教えてもらうことが同じだというんですね。

これは注意に限ったことではない。何事もそのようにとらえることは可能じゃ。嵐で出かけられなくなっても、おかげで事故に遭わずに済んだと思えばよい。

そう思い込むってことですね。

そうじゃ。とにかくいいように考えればよい。

武士道ってほんとポジティブ思考みたいですね。

その通り。武士は前向きに物事を考えんとやっておれん。厳しい世界じゃからな。

なるほど。

みんながそうやってポジティブになれるとケンカもしないんだろうけど。ネガティブな人が多いんだよな。

それは江戸時代も同じじゃ。『葉隠』にこうある。

少し知恵のある者は、とかく今の世を批判するものである。それが災いのもとだ。口を慎む者は、善政の世にはよく用いられ、悪政の世にも刑罰に処せられるようなことはない。

物事を批判するべきではないということじゃ。批判ばかりしていると、敵を生む。

たしかに誰かの悪口いってる人って、私の悪口もいう可能性があるってことよね。

俺も人の悪口いうヤツは信用ならないな。

愚痴っていても何も変わらん。嫌なことがあるなら行動するのみじゃ。『葉隠』はその意味でも役に立つぞ。何しろ『葉隠』はまさに行動するための教えじゃからな。

私、もう二度と八つ当たりしないって誓います。

ここで誓っても仕方ないでしょ。お母さんにいってあげなきゃ。

今宣言したいのよ。

それも大事じゃ。思い立ったが吉日じゃからな。

じゃ、俺ももっと物事をポジティブにとらえて、人の悪口をいうのをやめます！

その調子じゃ！

片想いなんです

ところでお主らに1つ質問してもよいかな?

何ですか?　急に改まって。

お主らは恋をしているのか?

別に俺はこいつのことなんて何とも……。

わ、私だって。

いや、お主らがお互いに恋をしているのかということではなくて、それぞれのことを聞いておるのじゃ。

あ、そういうことですね。びっくりした。

実は私は……片想いなんです。

ほう。どのくらいの期間かな?

知り合って2年くらいなんですけど、向こうは全然私の気持ちに気づいてくれないみたいで……。

2年？　じゃあまだ付き合うにふさわしいかどうかはわからんな。

いや、十分でしょ？　それにしても、相当鈍感なヤツだなー。

武士にとっては不十分じゃ。

長年付き合う相手については、せめて5年くらいかけてその気持ちを見届けたならば、こちらからも関係を頼むのがよい。お互いのために命を捨て合う間となるのであるから、よくよくその心根は見届けておかねばならない。

つまり5年は付き合わねばならぬ。何しろ命を捨て合う関係じゃからな。

5年はちょっと長すぎませんか？　そんなに待てないわ。

しかも命を捨て合う関係って。何か重くないっすか？

命を捨て合う関係だからこそ、よく相手のことを知っておく必要があるのじゃ。

恋愛の話ですよね？

そうじゃ。恋愛の話じゃ。結婚の話ではない。

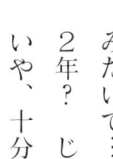

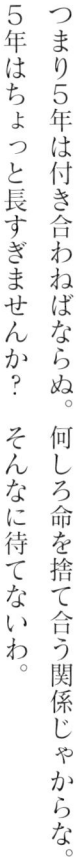

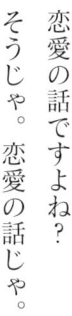

不倫っすか？

結婚と恋愛は別じゃ。

武士ってそんなにだらしないの？

そうっすよ。奥さんのほかに別の女性を命をかけて愛するなんて。

誰が女性だといった？

ま、まさかボーイズラブ？

よいか、江戸時代の武士にとっては男色、つまり男性同士の関係は当たり前のものであった。いや、むしろその関係のほうが美しい。主従関係もその1つじゃ。

なるほど。主従関係といわれるとわかるような気はするな。

それに恋は成就しないほうがよい。

片想いのほうが幸せだっていうんですか？

わからぬか？　お主は片想いをしておるんじゃろ？　人は片想いの時、一番燃えるもんじゃ。

それはありますね。付き合った瞬間をピークにだんだん醒めていくっていうか。

なかなかわかっておるな。

私はそういうの嫌です。今が一番いいなんて。

恋の悟りの究極は忍ぶ恋である。「恋死なん　後の煙にそれと知れ　つひにもらさぬ　中の思ひは」という歌があるが、そのようなものだ。生きている間に気持ちを伝えるのは、深い恋とはいえない。恋い焦がれ思い死にする恋こそが、限りなく深い恋なのだ。

忍ぶ恋というのが片想いのことじゃ。好きだとさえいい出さず、そのまま思いを抱いて死んでいく。これが最高に美しいのじゃ。

文学的すぎるわ。

それは俺には無理だな。でも、男同志だからいい出せないってこともあるんですかね。

そういう場合もあるかもしれん。とりわけ主人に対してはそうじゃ。

あ、そうか。身分の差もありますもんね。

とにかく恋愛も武士道の一部ということじゃ。

俺、もっと異性との関係のほうが興味あるんっすけど。

ならばこういうのはどうじゃ？

たとえ密通ではなかろうとも、女が一人でいたところに、無遠慮に袴を脱ぎ、女のほうも夫の留守に袴を脱がせていたともあれば、密通したも同然である。

ある男がトイレを借りた時、その家には女が一人しかいなかったのじゃ。そこに亭主が戻ってきて浮気と勘違いした。それで裁判にまでなったのじゃ。

それで密通したも同然ってことは？

浮気をしたも同然と見なされた。

トイレを借りただけなのに？

さよう。それで二人とも罰されたのじゃ。

ちょっと厳しくないですか？

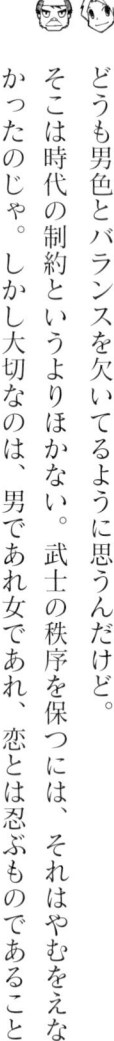

どうも男色とバランスを欠いてるように思うんだけど。

そこは時代の制約というよりほかない。武士の秩序を保つには、それはやむをえなかったのじゃ。しかし大切なのは、男であれ女であれ、恋とは忍ぶものであることをよくわきまえておくこと。

そういわれると心が楽になるわね。片想いって苦しいから。相手が気づいてくれなくても、思い続けることが大切なのね。

うん。それに片想いが恋愛の本質なんだったら、自分次第で何とでもなるわけだからいいよな。

ただし、先ほども申したように、相手をよく見ることじゃ。拙者もお主のことを今よーく見ておる途中じゃ。

えっ、いや、遠慮しときます。

何じゃ、こっちの勝手じゃなかったのか？

誰かさんももっとよく見てくれればいいんだけど……。

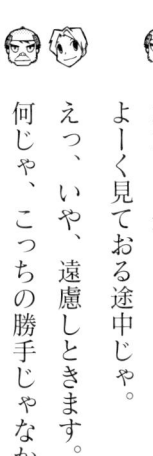

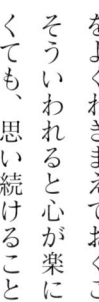

いい友達がいません

先生、こいつのばっかりじゃなくて俺の悩みも聞いてくださいよ。

何よ、あんたがもっと積極的に聞けばいいじゃない。そんな風だから鈍感なのよ！

はぁ？　何カリカリしてんの？

もういいわよ！

余計なこというから先生に聞きにくくなったじゃないか。

遠慮せずに申してみぃ。

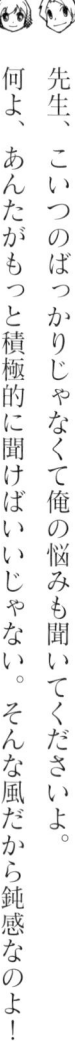

遠慮じゃないんすけど、ちょっと恥ずかしいんですよね。あのー、友達が少ないのはどうしたらいいんすかね？

それはちょっと恥ずかしいかも。

だからちゃんといっただろ！　恥ずかしいけどって……。

まあ、落ち着きなさい。それは簡単なことじゃ。友達になりたい人間を愛すればいいのじゃ。花を集めたければ、花を愛すればよい。すると自然に様々な花が自分の元に集まってくるものじゃ。

人材をえるのもそれと同じこと。ただひたすらに、立派な人材を愛し尊重することで、自然とすぐれた人を集めることができるのである。

誰か友達になりたい人を大事にすればいいんですね？

そうじゃ。そうすればその人間と友達になれる。そしてその友達に似た人間が次々と集まってくるわ。

たしかに類は友を呼ぶっていいますもんね。

そういうことじゃ。

ってことは、今俺の周りの友達が悪いヤツばかりなのは、俺が悪いってことっすか？

そうかもしれん。ただ、お主が変われば、周りの友達も影響を受けて変わりうる。

わかります。私も友達に教えられてることってたくさんあるもん。

若いころは特にそうじゃ。友達を鏡のようにして成長していくものじゃ。

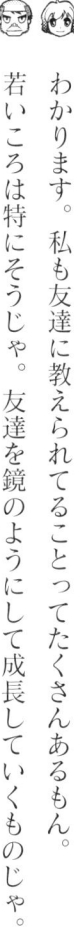

友達ってホント大事なんすね。

本当に困った時に助けてくれるのも友達じゃ。

逆に助けてくれないような人は友達じゃないってことですね。

うむ。しかし、それは日ごろの自分の態度次第でもある。自分が友達によくしていれば、きっと困った時に助けてくれるはずじゃ。『葉隠』にこんな話がある。

人が難儀している時にこそ、心を配るのが義理である。こちらの料理などは、遅くなっても差しつかえない。

これは拙者の祖父がやったことじゃ。近所で不幸があった時、食事の準備が大変だろうと、たまたま祝いのために用意していた自分の家の食事をあげたそうじゃ。

困った時に手を差し伸べておくことで初めて、自分も助けてもらえるわけですね。

人は恩義を忘れぬものじゃからな。

そういえば、中学の時いじめられてる子がいて、一度かばってあげたことがあったんです。その日の放課後、急に雨が降ってきたんだけど、急いでるのに傘がなくて。そしたらその子が私に傘を渡して走って行ったんですよ。家が近いからって。

それは立派な武士道じゃ。

俺も似たようなことがあったな。1年のころ、夕方自転車置き場でカギを探してるヤツがいたんです。隣の組のヤツで話したこともなかったんですけど、薄暗い中一緒に探してやったんですよ。よく見えなくて、すごい時間がかかったんですけど、俺が見つけたんすよ。それからあんまり話すことなくて、数か月して転校しちゃったんすよね。でも、最後の日に俺のところに来て、あの時のお礼だとかいって、夜光キーホルダーくれたんっすよ！　何だか嬉しかったな。

どうやら心配せんでも、お主らはちゃんと友達のつくり方を知っているようじゃな。

いや、俺は別に友達をつくろうと思って人助けしてるわけじゃないっすよ。

もちろん。だからいいのじゃ。今はたまたま友達が少ないのかもしれぬが、お主なら大丈夫じゃ。

あ、ありがとうございます。

先生、ついでに聞きたいんですけど、今クラスにペットの犬が死んで落ち込んでる子がいるんです。もう10年も飼ってて、家族の一員だったんですって。

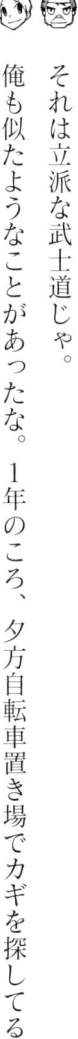

ああ、いわゆるペットロス症候群ね。うちの姉ちゃんが一時期そうだったよ。インコが死んだ時。

命あるものを失った時の悲しみは、それが人であれ動物であれ筆舌に尽くしがたいものじゃ。問題はそこでどのような態度を取るべきかじゃな。

やっぱり神妙な顔で言葉をかけるしかないよな。

だよねー。

そんなことはないぞ。

え？　まさか能天気に明るく振る舞えってんですか？

それは無理だわ。

他人が不幸な目に遭った時は、むしろ元気に励ましてやらねばならぬ。こちらがしょぼんとなっていてはいけない。

常に勇気を持って歩みを進め、何事にも打ち勝ち、明るい心でいなければ役には立たないのだ。他の人の心を盛り上げて元気にしてやるのも、このためだ。

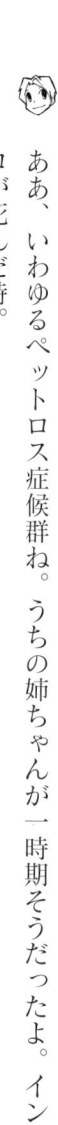

明るい態度が人を明るくするのじゃ。

それはなかなか逆転の発想ですね。

逆転ではない、むしろそのほうが素直じゃろう。人は悲しみから立ち直りたいものなのじゃ。しかし、自分の力ではそれはできない。だから周囲の人間が励ますよりほかないのじゃ。

そういわれるとそんな気がしてきたわ。

もちろん不謹慎なことをせよという意味ではない。自然に明るく振る舞えばいいのじゃ。笑いは伝染するものじゃ。

そういえば、親戚のお葬式で小さな子どもがおかしなことをして、みんなが少し笑顔を取り戻したことがあったわ。

ああ、あるある。小さい子は無邪気だから、そういう時でも微笑ましいんだよな。

悲しみは悲しみで仕方ない。人の死もペットの死も取り戻すことはできん。しかし、笑顔は取り戻すことができるはずじゃ。いや、絶対に取り戻さんといかん。

今度その友達に明るく接してみよっかな。

うむ。それがよかろう。

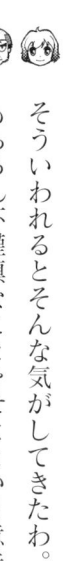

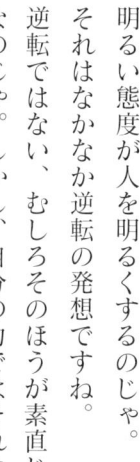

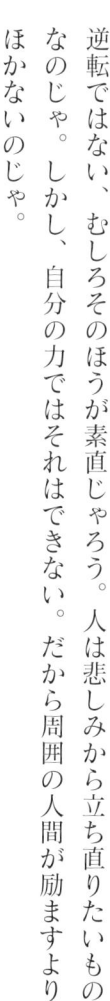

いつもいいくるめられます

先生と話してると本当に対話が上手だなと思うんですけど、どうしたらそんなふうにできるんですか？

さようか？

そうそう、私も思います。何ていうか、いいくるめられちゃうっていうか。

それはひどい言い方じゃな。拙者は何もいいくるめておるつもりではない。

あっ、すいません。私いつも人からいいくるめられるんで、つい……。

よかろう。それでは議論の極意を伝授しよう。

人と話し合う時には、相手の気性を早く呑み込んで、それに応じた対応をするべきである。

つまり、相手の特徴を素早くつかんで、それに合わせた対応をせねばならぬ。

たとえば？

理屈っぽく気の強い者にはせいぜいこちらから折れて付き合い、角が立たぬようにする。その間に相手の論の上を越す道理を持って説き伏せ、後にわだかまりが少しも残らぬようにするのじゃ。

すでに相当高度な感じがしますけど。

そんなことはない。簡単に考えればいいのじゃ。相手が折れない時は、あえて相手に合わせたように相槌を打っておく。その間に理屈を考えるということじゃ。こっちが意見をいい始めると、頭がいっぱいになり、きちんと理屈を整えることができなくなるからな。時間稼ぎをするということじゃ。

相手が理屈を抜きに話してきた場合は？

それはもう恐るるに足らぬわ。理屈がめちゃくちゃな相手は適当に聞き流しておけばよい。どうせ理屈が通じんのじゃから。

要は理屈っぽい人だけが問題なのね。

さよう。しかし、いかなる理屈にも対抗する術はある。

それを知りたいんすよ。

ならばとっておきのものを教えよう。

他人が黒いといえば、黒いはずはない白いはずだ、白い理屈があるに違いないと考える。そうして、白いという理屈をつけて考えてみると、一段高い道理が明らかになってくるものだ。

つまり、黒といえば白だと言い張り、その理屈を考える。それによって、新たな理屈が見えてくるということじゃ。

反対のことをあえて考えるってことっすか？

その通り。

そんなの無理だわ。黒を白と思えだなんて。

はたしてそうかな？　物事には必ず別の見方がある。それを探すだけじゃ。

一休さんの「このはし渡るべからず」みたいに？

それも一例じゃ。端ではなく橋の真ん中を渡ったというトンチじゃな。

先生の方法ってトンチなんですか？

トンチだけではない。実際に、黒を白にすることも不可能ではない。それは技術によって成し遂げられることもある。いわゆる弁証法じゃ。

ベンショウホウ？

さよう。物事の負の側面を乗り越えて、プラスに転じる思考じゃ。

たしかに相手が黒だっていうのを白だっていえたら、常にいい負かすことはできるわね。

これ最強っすね。

武士は言葉にも巧みでなければならぬ。

相当頭がよくないと無理そうね。

訓練次第じゃ。常にこのような思考でおれば、容易に反対の事柄が見つかるようになるわ。

あ、黒が白になる例を思いつきました。

ほほう、さっそくやりおったか。申してみぃ。

黒と見えているのは、陰になっているから。つまり、物事の真の姿を見てないってことです。

あんた急に賢くなってない？

見事じゃ！

いやー、先生のおかげっすよ。何だか毎日こうして先生と話してると頭がよくなっていく感じがするんです。

あんたも？　実は私もそんな感じがしてたんだ。

それは道理のない話ではない。

人より一段越えた道理を身につけるには、自分のことについて、他人に意見をしてもらい、それに従うことである。世間の人は、自分の考えだけで済ますから、一段越えたところに到達できない。

つまり、人と話すことで、人は頭を鍛えておるのじゃ。

たしかに最近あんまり人と話さないもんな。ラインとかばっかりで。

おしゃべりはあるけど、議論することはないわね。

なぜ議論をせん？

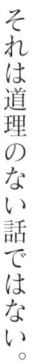

疲れますからね。

そんなことでは頭が退化してしまう。筋肉と同じで、頭も使わんとダメになる。

私は批判されるのが怖いんです。

それも問題じゃ。批判されんと、人はそれ以上の論理を考えるきっかけを持たんからな。

その通りだわ。私、批判されるのが怖いから、自分は関係ないってポーズを取り続けてたんです。でもそれじゃ、いつまでたっても成長しないんですよね。もっと議論しなきゃ。

俺も賢くなりたいんで、もっと議論します！

よかろう。ならば明日は頭を鍛えるための話を中心にやろうではないか。期待しておくがよい。

武士はそういうと、ニヤッと笑みを浮かべて帰って行った。タケシとハヅキは誰の目から見ても成長していた。わずか4日ではあったが、二人にとってあまりにも中身の濃い授業に没頭し、飛躍的な成長を遂げていたのだ。おそらく武士が笑みを浮かべたのは、彼らの成長に対する喜び

を隠しきれなかったからだろう。いったいどこまで伸びるのか。そしてその真価は翌日試されることになる。もちろんこの時点でそんなことは誰も知る由がなかったが。窓の外にはいつものように春の暖かい陽気が渦巻いていた……。

4日目のまとめ

・大局的な立場から物事を見て、みんなをなだめて納得させる。また、人に恥をかかせてはいけない。

・忙しい時ほど気持ちを落ち着かせ、相手のいうことをプラスにとらえるとよい。また、人の悪口をいわないようにする。

・相手をよく見てから心を打ち明けること。最も美しい恋愛の形は片想いである。

・友達になりたいなと思う人を大事にしていれば、その人と友達になれる。また、落ち込んでいる人には手を差し伸べ、明るく接するようにすればよい。

・相手の特徴をいち早くつかみ、それに応じた対応を取る。黒を白といえるだけの理屈を考える。そして、他人と議論することで自分を鍛える。

5 Friday

5日目

正しく頭を使うための金曜日

考えることがいっぱいで困ります

ハヅキとタケシは、授業の始まる15分ほど前にはもう教室に来ていた。そして何と授業中とったノートを見ながら復習をしていたのだ。二人のノートにはぎっしりメモが書き込まれている。二人はあまりに集中していたので、武士が勢いよく教室のドアを開ける音に一瞬びくっとしたほどだった。

ほう、朝から復習をしているとは見上げたものじゃ。それでは予告した通り、頭を鍛えるための話をしようか。

その前に先生、さっきノートを見てたんですけど、考えなきゃいけないことがあまりにもありすぎて困ってたんですよ。

そうなのよね。私ももう頭がいっぱいで……。

それはまさに今日のテーマじゃ。たしかに考えるべきことは山のようにある。しか

し何もかもにエネルギーを使っていてはきりがない。そこで『葉隠』の出番じゃ。

大事といえば、せいぜい2、3項目のことに違いない。こうしたことは平常の間に検討しておけばわかるはずである。したがって大事については、前もって心に決めておき、その場に臨んでは簡単に態度を決めるべきものである。

つまり、考えることはたくさんあっても、人生にかかわるほどの大きな事柄は2、3じゃろうから、それらについてのみあらかじめよく考えて答えを用意しておけばいいのじゃ。後のことはその場の状況に応じて考えればよい。

つまり優先順位をつけるってことですか？

そういうことじゃ。そうすれば日ごろ考えることは大事なことに限られる。残りはその都度でよくなる。

それはいい考えっすね。人生にかかわるような大きなことはきっと大事なことだろうから、考える価値もあるし、考える時間も必要ですからね。でも、人生の大事なことを考えるだけで、ほかのことを考える時間がまったくなくなるのもなぁ……。

心配ない。そういう事柄は大まかな生きる方針のようなものじゃから、そこがしっかりしておれば、細かいことを考える時の指針にもなる。

なるほど。生きていくうえでのモットーとかポリシーみたいなヤツですね。

そうとらえておいていいじゃろう。

いきなり考えるのは大変ですもんね。俺、苦手なんだよなあ。

うむ。何事も日ごろから考えているから、比較的短い時間で答えが出るのじゃ。

学校の勉強と同じじゃね。学校で勉強しているから、何か人生の問題に出くわした時に応用できるっていうか。

それは見上げた考え方じゃな。普通は学校の勉強をもっと軽視しておるもんじゃが。

今まではそうだったんですけど、先生の授業を受けて考えが変わってきたんです。

それは嬉しいことじゃ。お主らは不覚《ふかく》の士ではなく、覚《かく》の士にならねばならぬ。

カクノシ？

そうじゃ。覚の士じゃ。

覚の士、不覚の士という考え方が軍学の本にある。覚の士と呼ばれるには、事に当たった

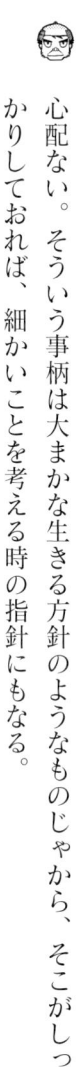

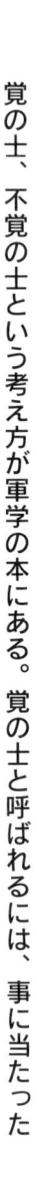

経験から対処の仕方を覚えていくばかりでは不十分である。事前に個々の事態における対処の仕方を吟味しておき、いざという時にうまく成し遂げられるようにしておかなければいけない。

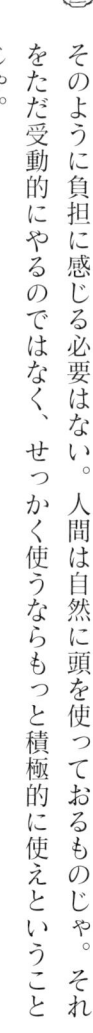

つまり、日ごろやっていること、考えていることしか、いざという時には役に立たんもんじゃ。そう思って鍛錬しておけばよい。頭もな。そうでないと、「不覚であった」などと後悔することになる。

なるほど、不覚の反対なんっすね。

そう聞くと、やっぱり常に頭を使ってないといけないのね……。

そのように負担に感じる必要はない。人間は自然に頭を使っておるものじゃ。それをただ受動的にやるのではなく、せっかく使うならもっと積極的に使えということじゃ。

だから勉強も積極的にってことになるのか。

よいか、あらゆる勉強はいざという時の判断のため、覚悟を決めるためにある。『葉隠』にはまさにそう書いてある。

人の話を聞くのも、物の本を読むのも、前もって覚悟を決めるためである。

これまでそんなふうには思ったことなかったなあ。

こう思って人の話を聞いたり、本を読んだりすれば、吸収力がまったく違ってくる。人は自分が知りたいことを聞く時は、ものすごく集中して聞くものじゃ。そうして人の話の１００％を身につける。そうでない場合は、たとえ学校の授業であっても、数％も頭に入っておらん。

耳が痛いわ。

だから、常に自分の知りたいことだと思って人の話を聞き、本を読めばいいのじゃ。

知りたくなくても？

すべての事柄はいつかどこかで役に立つはずじゃ。そう思えば、すべてのことが知りたいことになるはず。

それは逆転の発想ですね。知りたくなるように気持ちを持っていくなんて。よし、何でも役立つって信じることにします！

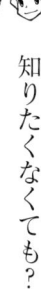

何事も覚悟のためですよね。いざという時の。先生、今日の話が今までで一番よかったです。

何っ？　いつもいいことを、いっているつもりじゃが。まぁ、よしとするか。

アイデアが出ません

先生、考えるべきことの優先順位はわかったんですけど、いったいどうすればアイデアが出るんですか?

あ、俺もそれ知りたいっす。たとえば、文化祭の出し物とか考える時にアイデアを求められるんですけど、何も出てこないんすよ。去年はコスプレ大会をしようっていったら、お前の趣味だろって一蹴されて……。

たしかにあれは、ただのあんたの趣味よね。

まぁ、完全には否定できないけど……。

よかろう。ならばとっておきの方法を伝授しよう。

大事なことに臨んではひとまずそのこと自体から離れ、原則に照らし、私心を去ってじっくり考えれば、大きな誤算は避けることができよう。

ひと言でいうなら、主観を捨て去って物事を見ることじゃ。独りよがりではみんなが納得するアイデアにならぬ。

それを文化祭の前に知りたかった。もっと詳しく教えてくださいよ。

別の言い方をすると、物事の本質をよく見るということじゃ。

具体的にはどうすればいいんですか？

まずは原則に照らしてみること。そのうえで、個人的な利害、および私心を離れて考えること。そして、そのこと自体から離れて客観的に見てみること。最後に、私心を捨てるために、古人の言行に学び、また利害関係のない人に意見を求めることじゃ。

自分の考えは置いておいて、客観的に見るんですね。

さよう。そしてそのためには、昔の人の言葉や、利害関係のない人の言葉に耳を傾けるとよい。そうすれば、客観的に物を見ることができる。

古典はそういう意味でも役に立つのね。

その通り。もちろん『葉隠』もな。

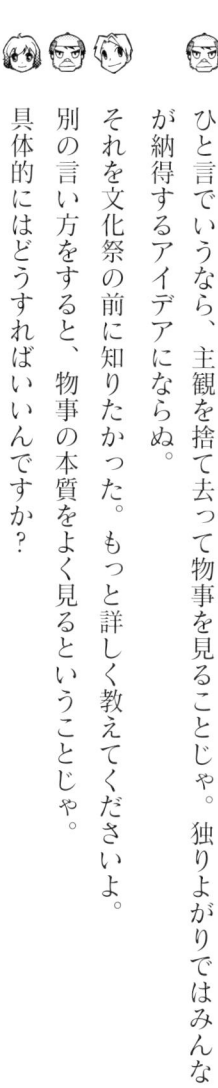

アイデアはオリジナルなほどいいと思ってたから、これまで人に意見を聞くなんて考えたこともなかったです。

まったくの無からはアイデアは生まれん。まずは、人のいうことに耳を傾けることじゃ。もちろん最後は自分で決めればいいがな。

人に聞くことで独りよがりなアイデアにならなくて済むってことですね。

それだけではないぞ。人に聞くことで、みんなにとっていい結果が生じる。『葉隠』のこの言葉を見ればよくわかるじゃろう。

聖君とか賢君と呼ばれる立派な主君は、下の者の意見をお聞きになる方のことだ。自分たちの意見が聞き入れられるので、家中の者たちは一生懸命になって、何かよいことを申し上げてお役に立たなければならないと思うようになるので、お家が治まるのである。

つまり、立派な主君は意見をよく聞き入れるから立派な政治ができる。そして、それに貢献しようとみながいいアイデアを出そうと頑張る。その結果、全体がよくなるという理屈じゃ。

すごい！

何だかいい会社の話みたい。

会社でも何でも、うまくいっている組織には、こうした風通しのよい風土がある。

一人ひとりが全体のことを考えてアイデアを出していれば、全体がよくなるってことなんですね。ようやく俺の間違いがわかってきました。

でも先生、そうやってみんなのことばかり考えてたら、思い切ったアイデアは出ないんじゃないですか？　私、ホントはタケシのコスプレ大会も面白いなとは思うんです。

ありがとう！　お前かわいいな。

な、何いってんのよ急に。

お主こそ真っ赤にならんでもいいじゃろ。

いいヤツだなって意味だよ。

もう、紛らわしいわね！

まぁ、落ち着くのじゃ。みんなのことを考えないほうがいいアイデアが出るというのも一理ある。その場合は、覚悟さえしておけばいいのじゃ。

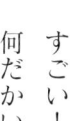

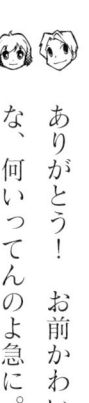

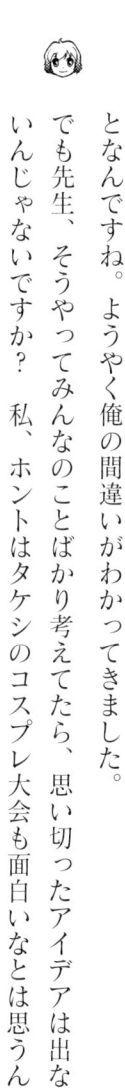

えっ、アイデアにも覚悟がいるんですか？

うむ。どんな意見でも、それが正しいと思えば、主張するがよい。ただし、その責任は取らねばならぬ。『葉隠』にこんなエピソードがある。

殿さまの治療を一人で引き受けたからには、もし全快にならない場合、即座に腹をかき切ってお供をしようと覚悟を決めて、お薬を調合して差し上げたのだ。

これはある医者が殿さまの病気を治す際、思い切った治療を試みた時の話じゃ。しかし、心の中では、もし失敗したら自分も死ぬつもりでいたという。結果的には成功したが、それほどの覚悟がないと、自分のオリジナルな意見というものはなかなか主張しにくいものだということじゃ。

逆にいうと、気持ち次第でユニークなアイデアを主張することができるということですね。

さよう。

私も今度からは思い切って面白いアイデアを主張してみます！

一か八かじゃが、自分のアイデアに自信があればできるはず。

なるほど。じゃあ今度はヒンシュクを覚悟で、一か八か水着大会を提案してみます！

はぁ……。懲りない人ね……。

すぐにネットを信じてしまいます

先生、これは考えることと関係あるかどうかわからないんですけど、俺すぐにネットに書いてあることを信じてしまうんすよ。

それは大いに関係ある。もちろん拙者の時代にはインターネットはなかったが、噂はよく広まったもんじゃ。そういうのをすぐに信じる輩がおる。

でもそれってどうしようもないですよね。何か防ぐ手があるんですか？

この世に武士道を以て解決できん問題はない！

す、すごい自信……。

まず大事なのは、平素からの心構えじゃ。

侍たる者は、平素の油断が禁物である。思わぬことに出会うものだ。油断をすると、必ず失敗するものである。

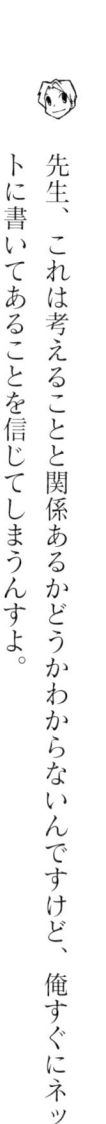

つまり、ぼけっとしておるからだまされるのじゃ。たとえそれが親しい者や、信頼できる者であっても、まずは疑う。そういう姿勢が大事じゃ。そうでないと……。

そうでないと?

斬られる。

いや、それは今はないですけど、やられるってことですね。

そういうことじゃ。

たしかにネットとかって、油断しまくりだもんね。

相手がいないから特にそうなんだよ。文字とか映像とか見るだけだと、簡単に信じちゃうよな。

だから油断してはならぬのじゃ。ネットの情報はすべて嘘で、お主らを欺こうとしている、というくらいに思っておいたほうがよい。

厳し〜。

先生、どうして人はだまされるんですか?

それは自分の中に凝り固まった考えがあるからじゃろう。常識といってもよい。

常識がないと困りますよ。

ほう。さらば、常識とは何じゃ？

そ、それはみんなが正しいと思ってることですよ。

みんなが間違っておったらどうする？

うっ……。

人間は自分の意見を持とうとする生き物じゃ。それは仕方ない。しかし、間違っているかもしれぬということを、常に頭の片隅に置いておかねばならぬ。

固定した見識を持つというのはよいことではない。一応の努力をして、一見識ができると、もうそれで満足してしまうのが、そもそもの誤りである。

固定観念は敵なのじゃ。ネットでだまされるのも、自分の中にそうだろうという考えがあらかじめあって、それにぴったり合った時に共感してしまうのじゃ。まったく違う考えなら、最初からこちらも見向きもせんからな。

ということは、自分が自分をだましてるってこと？

ある意味ではそういう側面がある。

ど、どうしたら固定観念を捨てられるんですか？

この引用にあるように、一度何かを知ったくらいで満足せんことじゃ。

調べ続けるってことっすか？

そのとおり。複数の書物に当たり、また新しい情報も出てくるので、ずっと調べ続ける。これをやらねばならぬ。

大変なんですね。

人間というのは弱いものじゃ。修行をし続けんことには、強くなれん。

修行は大変だけど、だまされるよりはいいかも。

じゃあ、先生、その修行の仕方を教えてくださいよ。

調べ続けること以外にか？

それ以外に、何か具体的に判断する方法みたいなヤツがあると助かるんですけど。

それならこの『葉隠』の話が役に立つかもしれぬ。

大事の判断がつきかねて、どうにもならなくなった時、しばらくの間目をつぶって、直茂《なおしげ》

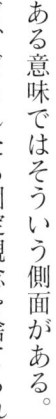

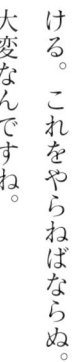

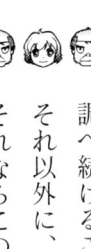

公であったらこの場合にどのようにされるであろうか、と考えると、やがて物事の道理がわかってくると仰せられた。

つまり、これは殿さまが判断に迷われた時、先代ならどうするかと考えたという話じゃ。自分の考えが固定観念ではないかと疑うために、他の人、とりわけ自分が信頼を置く人物ならどう考えるか想像してみることじゃ。

それはいいですね。尊敬する人ならどう考えるか。これから実践してみます。

でも、尊敬する人って誰だろう？　俺の場合、先輩かな、いや、おやじかな？

私は先生かな？

拙者か？

そうだな。俺も先生かな。

お主ら、からかっておるのではないか？

そんなことないっすよ。何だか先生が本当に武士に見えてきましたよ。

何いってんの、きっと本当の武士なのよ。ね、先生？

も、もちろんじゃ。

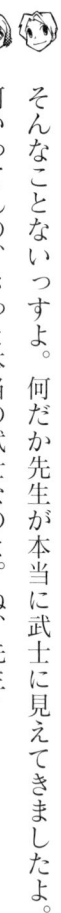

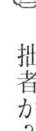

機転がききません

ところでお主ら、口に何か入っておらぬか？

飴です。

飴ダメなんすか？

授業中に飴をなめるとは、教師をなめとるのか！

す、すいません。喉がイガイガして。

いかーん！　どっちが首謀者じゃー!?

わ、私の飴です。

そうです、こいつからもらいました。罰するならこいつを罰してください。

はぁ、何とも情けない。お主はそれでも男か？

だって事実だから……。

この際、事実などどうでもいいのじゃ。武士ならそう答えん。もっと機転をきかさんか。

俺、機転がきかないのがダメなとこなんっすよ。

かばえってことですか？

単に自分がやったというだけではまだ機転が足りん。『葉隠』にこんなエピソードがある。戦場で暑かったからか、重かったからか、20人ほどの武士が背中にまとう母衣《ほろ》という武具をはずしておったのだ。それを見た殿さまがお怒りになった。何と無防備なことをするのかと。そして罰を命じるため、最初に脱ぎ出した者を探すよう使いを出したんじゃ。するとある者が使いにこう申した。

20人の武者が目と目を見合わせて、一度にぱっと母衣をはずしたのです。

当然この機転に殿さまは罰を与えるのをおやめになった。

すごい！　これなら誰が悪いってことになりませんもんね。

単に自分が罪を被るというんじゃなくて、誰が悪いかわからなくしてしまうんですね。

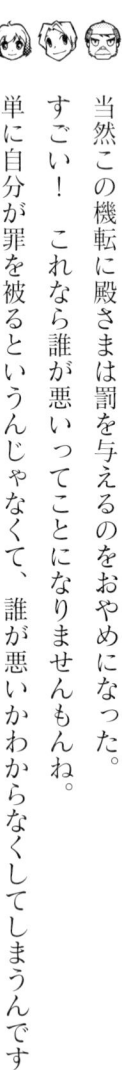

しかも機転がきいておると、殿さまのほうも一本取られた気持ちになる。

仲間を守るために機転をきかせたんでしょうね。素敵だわ。誰かさんと違って。

だから悪気があったんじゃなくて、俺は頭が悪いだけなの。先生、こういうのもっと教えてくださいよ。参考にしますから。

『葉隠』には、ほかにも機転で主君を救った例がある。主君が客に鶴料理をふるまった時のことじゃ。その主君は食べただけで鶴の種類が分かるといってしまった。すると困ったことにその客が料理人にたしかめるといい出したのじゃ。料理人は主君に恥をかかせぬよう、何をしたと思う？

私なら嘘をつきます。

それは見え見えでよくない。

よし、機転をきかせて考えますよ。ちょっと待ってください。ん〜、そうだ！　頭がおかしいふりをした！

は？　何それ？

惜しい！

ええ!?　惜しいんだ。

これが答えじゃ。

しかし料理人は舌も回らず「白黒鶴、いや、真白鶴、黒鶴」などと、わけもわからぬことをいっているので、公は「その方、酔っているな、引き下がれ」とお叱りになったという。

料理人は酒を大量に飲んで、自分を判断できない状況にした。それで主君は救われたというわけじゃ。

料理人は主君の顔をつぶさないように機転をきかせたわけですね。

そうじゃ。だからお主の発想もあながち間違ってはおらん。

やればできるじゃない。

コツはつかめたよ。

要は、いかに相手を思いやれるかどうかじゃ。それが機転をきかせる際のポイントじゃ。

そういうのって、ほんのひと言言葉を出せるかどうかで変わってきますよね。

その通り。別に酒を飲まんでも、機転のきいた言葉1つで難を逃れることもできる。

言葉1つでって、たとえば？

武士にとっては狼藉者を取り逃すのは命取りじゃ。

失敗ってことですね。

うむ。しかし、常にそうした者を捕えられるとは限らん。その時はせめて言葉で難を逃れるよりほかない。『葉隠』にはこんな例がある。

もし取り逃がしそうな時には、「逃がさぬぞ、卑怯者逃げる気か」などと臨機応変に言葉をかけて、その言葉の勢いで目的を達したことにするのである。

たしかに黙ってて単に逃げられるだけより、そうやって叫べば、相手が卑怯者ってことで終わりますもんね。

自分のミスというより、相手が悪いということになるんですね。

言葉1つでいくらでも機転は示せる。つまり、賢さを示せるということじゃ。

よし、もっと言葉を鍛えるぞ！

そうよ、今度はちゃんと私をかばえるようにね。

決断力がありません

先生、だいぶ頭の使い方がわかってきました。最後に1つだけいいですか？

何じゃ、申してみぃ。

考えた結果、どう結論を出したらいいんですか？

つまり、最後の決断をどうやって行うかということか？

はい。私、優柔不断なんで、いくつか選択肢があると決めきれないんです。

決めても後悔することもあるしな。

たしかに、物事を決めるのには勇気がいる。しかし、せっかく考えても、最後に決断ができなければ、それは考えなかったも同じことじゃ。

そうなんですよ。だから困ってるんです。

それなら『葉隠』にいいアドバイスがある。「息を7つするほどの間に思案して決めよ」というものじゃ。

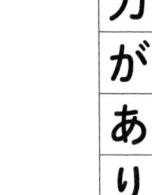

あれこれとこだわることなく、さわやかな、凛とした気持ちでいれば、7呼吸の間に判断がついてしまうものである。心を落ち着かせ、思い切った気持ちで考えるのである。

つまり、心を落ち着かせて、瞬時に判断せよということじゃ。

どうしてひと呼吸じゃいけないんすか？

心を落ち着かせるのにひと呼吸では足りんじゃろう？

なるほど。それで7呼吸なんですね。

では、試してみよう。もし、チョンマゲにして街を歩くか、水着で街を歩くかを選ばないといけないとしたら、どっちがよい？　さぁ、7呼吸で決めよ。1、2、3……。

え～、究極の選択だな。

チョンマゲは嫌だけど、水着も恥ずかしいし……。

6、7。やめい！　さあ、どっちじゃ？

じゃあ水着！

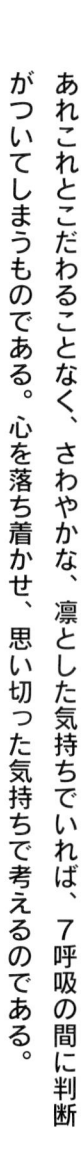

私はチョンマゲ！

それでよい。

これって本当に正しい選択なんですか？

それはわからん。ただ、こうでもせんと決まらんじゃろ？　何しろどっちでもいいような質問じゃからな。大事なのは決めること。それだけじゃ。

そういうことだったんですね。

でもその選択が後々何か影響してくることはないですか？

そんなことは心配せんでよい。結局、人生などすべてコントロールできるものでも、計画通り行くものでもない。『葉隠』にこうある通りじゃ。

まさに今の一瞬のほかには何もない。一瞬、一瞬と積み重なって一生なのである。これさえわかれば、ほかにせわしく思うことも、求めることもない。

つまり、人生は一瞬の積み重ねにすぎないということ。大げさに考える必要はない。

あがいても仕方ないってことですね。

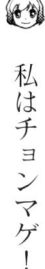

ただ、一瞬、一瞬何かを決めんことには前には進めん。そのことは念頭に置いておいたほうがいい。みな、今の決断をしなければ、別の暮らし方があったはずだと「もしも」を追い求めてしまうものじゃ。されど、どうあがいても我われは1つの道しか選べぬ。それに気づけば何の不満や焦りも湧いてこなくなるはずじゃ。

別の選択のほうがよかったかもと思うのが、人間のサガってことですね。

それに即断したほうが、いい結果が生じることもある。

どういうことですか？

江戸時代は今以上にお家の存在が大事じゃった。それがつぶれそうな時どうするか。

家というものは、いつかは滅びるものだ。その時、滅ぼすまいとして悪あがきすれば、醜い滅び方をする。滅びる時が来たら、いさぎよくつぶすがよい。そう覚悟すれば、防ぎ止められることもあろう。

つまり、悪あがきせずに何でもつぶしちゃったほうがいいってことですか？

そうではない。悪あがきせんほうが、救われる可能性が出てくるということじゃ。

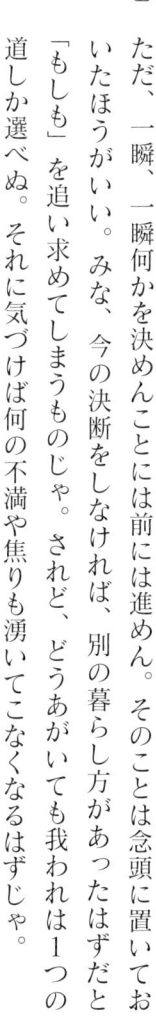

人によっては、その決断をいさぎよいとみて手を差し伸べてくれるかもしれん。

なるほど、それが「防ぎ止められることもある」という意味なのね。

むろんそのようなことをあらかじめ考えていてはいかんがな。偶然そういう結果にもなりうるということじゃ。

ありがとうございます！　いさぎよく決断するだけでいいなら私にもできそうです。

それでよい。いさぎよい決断は武士の美徳じゃからな。

5日目のまとめ

・大事なことだけ前もって考えておくこと。また、人の話や本の情報は、すべていざという時の判断のためだと思って聞いておくこと。

・主観を取り去り、人の意見をよく聞くとよい。また、オリジナルの意見を主張する時は、それなりの覚悟をすべき。

・油断せず、固定観念を疑い、自分以外の人ならどう判断するか想像してみるとよい。

・機転をきかせるには、相手を思いやること。また、言葉をうまく使えば状況を一変することができる。

・7呼吸で心を落ち着かせて決断すること。また、悪あがきするよりいさぎよく決めたほうがよい。

6日目

成功するための
土曜日

欲がありません

武士の授業はあっという間に最終日を迎えた。タケシとハヅキは前日と同じように少し早めに来て、武士を待っていた。最初はしぶしぶ受け始めたこの授業も、日を増すにつれ、彼らの日常に欠かせないものとなっていた。小馬鹿にしていたバレバレのコスプレにも、今や愛着さえ感じ始めていたのだ。そして武士がやって来た。

拙者の授業もいよいよ最後じゃが、何か要望はあるかな?

いいえ、特にないです。

私もないです。

何と大人しい。肩透かしもいいとこじゃ。体の調子がよくないのか?

俺、あんまり欲がないんすよ。

だいたい日本人ってそうよね。

そんなことではこの国が滅びてしまう。もっと欲を出さねばならぬ。そうでないと、お主ら自身も成功せんぞ。

すいません。俺まだまだダメだな。先生にこんなに教えてもらったのに。

本当ね。最後の日なのに。

待て待て、別にお主らを責めておるわけではない。たしかにこれは時代のせいでもある。江戸時代も似たような状況じゃった。

今の者が無気力なのは、世の中が太平だから。何か事が起これば、少しぐらいの気骨は出てくるであろう。昔の人とて変わりはなかったと思われる。

江戸時代は戦国時代とは異なり、もはや平和な時代じゃ。だから人々が無気力になるのは仕方ない。

自分を責める必要はないってことっすね？

うむ。ただし、問題意識を持つ必要はあるじゃろう。

無気力でいいやって思うんじゃなくて、何とかしなきゃって思えってことですね。

そう、それがいいたいだけじゃ。この授業に対する要望だけではなくて、自分の人生において望むことを申してみぃ。

それなら、金持ちになりたいなと思います。

ほう、億万長者か？

はい。

それは大きな目標じゃが、なぜかな？

なぜかっていわれると困るんですけど。

お金を儲けることだけを目標にしたところで、何の意味もない。

自分が奉公をしていたころには、家計が苦しくなることなど何とも思わなかった。もし、飢えるようなことがあれば、側近の方々にでも、また殿さまにでも申し上げて、必要なものをいただけばよいと考えておった。

つまり、お金は何かの目的のためにある。拙者の場合、ご奉公のためにあると思っておった。だからいくら使おうと、人から借りようと、後ろめたいことは少しもなかったのじゃ。

お金は手段だってことですね。

もちろんお金を貯めたいってことじゃないよ。俺だって何かをしたいんだ。でも、そのためにはお金がいるだろ？

じゃあ、そういえばいいのよ。

そりゃそうだけど。

そのことさえわかっておれば、後はじっくり考えればよい。

先生がさっき、欲がないと成功しないといってたのはどういう意味ですか？

それは簡単じゃ。まず欲がないとだまされる。

ものを話したり、話しかけられたりする場合には、乗せられることがないように、もし自分の考えと相違している点があれば、すぐにそれに反対し、不同意の旨をはっきりと示すつもりで応対するべきである。

つまり、欲がないと受動的になる。受動的になると、人にいいように使われたり、振り回されたりするのじゃ。

だから態度をはっきりと示さないといけないんですね。

そのためには欲を持って、積極的に生きねばならぬ。人生の成功はその延長線上にある。

だからまず欲なんですね。

さよう。欲とはエネルギーのようなものじゃ。それがあって初めて、具体的にやりたいことにも邁進していける。それに、そもそもそうでないと社会がダメになる。

欲がないと社会がダメになるって……。

それは社会が誰によってつくられておるか考えればわかるじゃろう。

みんながつくってるってことですか？

そういうことじゃ。社会をつくっている一人ひとりが欲を持てば、社会も活性化する。逆に、一人ひとりが欲を持たないと、社会そのものに活力がなくなる。

そういう意味だったんですね。これは責任重大だな。

お主ら一人ひとりがお国の一員であることを忘れてはいかん。

よし、お国のために、読みたい漫画を全部読みます！

えっ、そんなんでいいの？

無論じゃ。

それなら私もお国のために、親にブランドの服をおねだりします！

それはいかがかと思うが……。

気が多いんです

欲の話でもう少し聞いていいですか？

もちろんじゃ。

私、いろんなことに手を出してしまうんですけど、それはいいんですか？

それは欲というより気が多いのじゃな。

ということはやっぱりよくないんですね。

1つのことに集中せんわけじゃからな。

俺もよく飽きっぽいっていわれます。

でも、芸があるのはいいことなんじゃないんですか？　一芸入試なんてのもあるし。

けん玉の達人とか、カッコいいよな。

それに加えてお料理もできて、英会話も得意とかだとすごいと思うんだけど。

問題はどう生きるかじゃ。

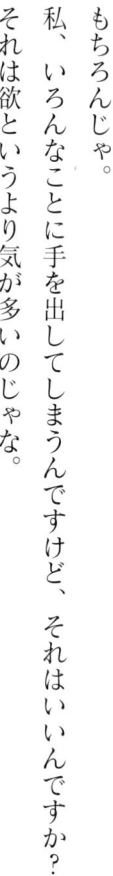

ご当家の侍にあっては、芸とは身を亡ぼすものである。一芸を身につけた者は芸者、つまり技術者であって、侍ではない。

芸は身を助くじゃなくて、身を亡ぼすですか？

つまり、芸人や技術者として生きるならそれでよいのかもしれぬ。しかし、侍は侍としての技能を発揮せねばならぬのじゃ。

そうね。誰もがマルチタレントになるわけじゃないし。

文弱の徒が一番いかん。

何ですかそれ？

教養だけあって、武術はからきしダメな侍のことじゃ。もはや侍としての意味がない。

たしかにそうよね。刀を持ってる意味がないわ。

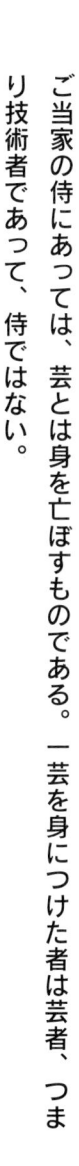

侍じゃないけど、何かこれと決めたことに邁進しないとな。

まさにそれがいいたいのじゃ。人は1つのことに邁進せねばならぬ。特に生き方についてはな。

その場合の生き方というのは、武士道になるんですか？

武士の場合は武士道じゃろうな。

武士じゃなかったら？

それはいろいろある。

道が2つに分かれるというのはよくない。武士道のみを考えて、ほかのことを求めてはならない。道の字はどれも同じ意味なのだ。儒道・仏道の教えを聞きながら武士道などというのは、道の意味をはき違えている証拠だ。

つまり、儒道や仏道という選択肢もあるじゃろう。これらにも道の字がつく。道とは生き方じゃ。武士道は武士の生き方、仏道は仏教者の生き方じゃ。

武士は武士道しか選べないのね。

お主は、２つの道を同時に歩くことができるかな？

２つの別の道路ということですか？

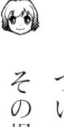

さよう。

そ、それは無理ですけど。

人生も同じじゃ。

そういわれるとよくわかるんですけど、ストイックですよね。

ボクサーを知っておるな。

まさか江戸時代の人にそんなこと聞かれるとは思わなかったけど、たぶん先生より知ってると思いますよ。

よかろう。ならばボクサーの生き方をいうてみぃ。

ボクサーは毎日トレーニングを欠かさず、食事制限もして、厳しい毎日を送ります。よくテレビのドキュメントで見ますよ。

そうじゃ。試合前ともなれば、あらゆる欲を絶つ。なぜじゃ？

そうしないと試合に勝てないからですよ。

なぜそうまでして試合に勝たねばならぬのじゃ？

職業だから？

その通りじゃ。つまり、ストイックな生活そのものが職業に直結しておる。それだけのことじゃ。

武士も同じだってことですね。

そしてお主らにとってもな。

あんまりそんなふうに人生をとらえると、苦しくなりませんか？

たしかにね。

苦しいと思うてはいかん。拙者の意図はそこにはない。

人間の一生とは、まことに短いものである。だから、好きなことをして暮らせばよい。夢の間にすぎてゆく世の中を、嫌いなことばかりして、苦しい目に遭いながら暮らすのは愚かなことだ。

拙者も苦しんで生きるのがいいとはいささかも思ってはおらん。短い人生、好きに生きたほうがいいに決まっている。

それを聞いてホッとしました。

でも、ストイックな生活を送るというのと、苦しまないというのは両立するんですか？

それは両立可能じゃ。たとえば、ボクサーは試合までに過酷な減量や練習に耐え抜く。もちろん、それ自体が好きな者はおらん。ただ、それを経験してリング上で相手を打ち負かした時、そういったストイックな生活は彼らの勝利をより際立たせる。目的のための苦労ではない。「生」を輝かせるためのスパイスじゃ。

そうか、自分のやるべきことがはっきり定まっていれば、苦労も苦労だなんて思わないもんね。大会前の部活の練習と同じで。

うむ。そうして初めて死にもの狂いになれるということじゃ。

出た！　死にもの狂い。

でも、何だか前より死にもの狂いの意味がわかってきたような気がするわ。

それはよかった。ある意味で拙者が一番いいたいことじゃからな。

いつも慌ててやることになります

先生、授業の最後になっていいにくいんですけど、やっぱり何か本とか読んでもっと予習しておけば、たくさん吸収できたんでしょうか？

それはそうじゃ。ただ、お主らにそこまでやる気があるとは思ってなかったからのう。もっと早くいわんか。

いつもそうなんです。後で気づくんです。

そうなんだよな。で、その時はもう遅い。

特にテストの時ね。うちらいつも前日に慌ててやってるもんね。

だから日ごろから策を練っておかねばならぬのじゃ。『葉隠』に「再興門」という話がある。

サイコウ？

家を再興するという意味の再興じゃ。

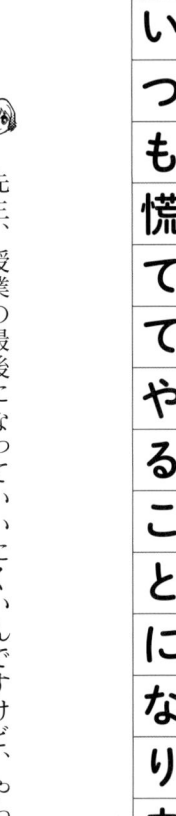

もし主君や家老に悪事がある時は、代々仕えている家臣は「再興門」ということを心がけねばならぬ。「再興門」とは、もし藩に不始末があって他家の領地となったような時、これを鍋島家に取り戻す方法をいうのである。

つまり、お家が取り潰しにあった際に備え、あらかじめ主君の子どもを一人出家させておき、家来も跡つぎ以外は百姓になったり出家したりしておく。そして新たに来た領主の邪魔をし、その後に幕府に元の家の再興を願い出るという方法じゃ。

何だか執念を感じますね。

何しろ家中じゃからな。

カチュー？

お家のことじゃ。武士にとっては何よりお家が大事。自分よりも、家族よりも、また国家よりも大事な物なのじゃ。

へー、そんなもんなんですね。

それにしてもそこまで周到にやるということは、相当前から準備しないとダメっす

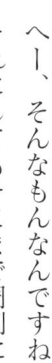

ね。

お家再興の場合は何年もかけてやるわけじゃが、お主らのテストの準備はほんの少し前からやっておけばいいのじゃろ？

そ、それはそうっすけど。

先生、よく部活とかで抜擢されるってことがありますよね。うちの管弦楽部だったら第1バイオリンに抜擢されるとか。

サッカーでもレギュラーとか、いいポジションとかね。

あれも準備が関係あるんですか？

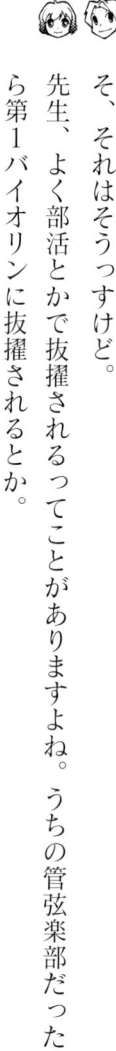

もちろんそうじゃ。日ごろから真剣にやっておるから、抜擢されるのは間違いない。

おのれの勇ましさをしっかりと心に抱き、迷いなくすごしていると、いざという時、真っ先に選び出されるものだ。こうした覚悟は、日ごろの振る舞いや物いいなどに自然に表れてくるものだ。

選ばれる直前になってパフォーマンスをしてもダメなのじゃ。人はちゃんと見ておる。いかにコツコツと努力をしておるかじゃな。

あ、それはわかります。先生の前でだけやってるふりをする子がいるんですけど、すぐバレるみたい。

教師の目も節穴ではないからな。

サッカーなんて特にそうっすよ。練習試合だとだらだらやるヤツがいるんですよ。そういうヤツはダメですね。まぁ俺もそうだったんだけど。

だからレギュラーから外されたの？

いや、それは実力が……。

お主のことはさておき、常に尋常の勝負をせねばならんということじゃ。

尋常の勝負？

正々堂々と戦うということじゃ。

話を戻しますけど、武士は日ごろから何事も準備しているということは、死ぬ時もうろたえないんっすか？

それはよい質問じゃ。まさにその通り。死に際してもうろたえぬ。

それはないでしょ。死ぬ時は誰だって怖いわよ。

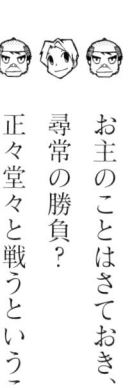

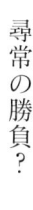

怖いのとうろたえぬのとは別じゃろう。内心は怖いかもしれぬが、そんな様子はおくびにも出さんのが武士じゃ。

死に際の立派な者こそ非凡な人物である。その例は多い。日ごろ一丁前のことを口にする者が、死ぬに当たって取り乱すのは、真の勇士でないことをさらけ出すものだ。

一番カッコ悪いのは、普段は勇ましいことをいいながら、死に際してはうろたえる者じゃ。

たしかにそれはカッコ悪いわ。

死ぬ時にうろたえないってことは、武士は常に死ぬ覚悟をしてるってことですね。

さよう。それが武士の一分《いちぶん》でもある。

武士の一分って？

武士の誇りのことじゃ。

死を恐れないことが武士の誇りだなんて、まさに男の世界って感じだわ。

俺は自信ないな。

そのような境地は修行によってようやく到達できるものじゃ。お主はまだ武士道の何たるかを学び始めたばかり。ま、仕方ないじゃろう。

いや、俺武士になるわけじゃないんだけど、死ぬのが怖くなくなるならやってもいいかな。せめて心の準備だけでも始めます！

身分に合う、合わないとは？

ずっと聞きたかったんですけど、武士って心が広いんですか？

何を急に？

だって、私たちがくだらないことを言っても、全然怒らないじゃないですか。ちゃんと受け止めてくれるし。もっと怖い人種かと思ってました。

それはお主らがきちんと礼儀をわきまえて物をいっておるからじゃ。

そんな意識はしてないっすけどね。

身分不相応なことをいっておれば、拙者も物申すじゃろう。この身の程知らずめと。

どこまでは許されて、どこからがダメっていうのはあるんですか？

それは事と次第によるが、1つだけいえるのは、身分相応なのか不相応なのかは、自分で決めてはいけないということじゃ。

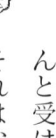

真の知恵に及ばない時は、知恵のある人に相談すればよい。その人はわが身の話ではないから、私心なく、素直に考えるので、物事が道理にかなうのである。

つまり、知恵のある人に相談して、自分がどこまで物をいっていいのか見極めればよい。

たしかに自分がいいと思ってても、相手が怒ることってあるもんな。

でも、たとえばその場で思いつくことってありますよね。それは誰かに確認してからじゃないと発言できないんですか？

そのほうが安全ではあるが、もちろんいえばよい。ただし、失敗もするじゃろう。

失敗したら？

そこから学べばよい。

ああ、よかった。それでいいんですね。

特にお主らはまだ若い。多少の失敗は許される。どんどん発言すればよいのじゃ。そして判断に迷った時には、その場では差し控えておいて、誰かに相談した後に適切なことをいえばよい。

あっ、そうそう。さっきの身分不相応といえば、ポジションの問題はどうですか？　身分不相応の役についたとか。昨日ちょうどオヤジがそんなことといってたんっすよ。自分より若い人が先に昇進したとか何とかで。

それもいいかん。

でも、少しでも早くえらくなったほうがいいと思うんですが。

はたしてそうかな。『葉隠』にこのようなことが書いてある。

昇進が早い場合、周囲の人々が敵に回ってしまい、せっかくの幸運も何の価値もなくなってしまう。これに反して、昇進の遅いものに対しては、人々が味方となり、将来には確実に希望が持てる。

身分不相応な役職につくと、人からねたまれるだけで、いいことはないのじゃ。特に若くして出世をすると、揚げ足を取られたり、はめられたりすることになる。「ちょこざいな」というわけじゃ。

「ちょこざいな」って聞いたことあるな。どういう意味でしたっけ？

生意気なということじゃ。

ねたむなんていやらしいなー。

でも昔の女性は出世とかあんまり関係なくてよかったんじゃないですか？

そんなことはない。江戸時代でも、娘に殿さまの手がつくとねたまれる。

どういうことですか？

つまり、殿さまに見初められるということじゃ。

それは今も昔も変わらない女性特有のねたみよね。

さよう。これが世の中というものじゃ。男も女も、逆に出世が遅いほうが同情も集まり、周囲から応援してもらえる。だから人から促されてつかんだ幸運にこそ価値があるのじゃ。

これはもうどっちがいいかですよね。出世は早い代わりにねたまれるか、出世は遅いけど応援してもらえるか。

究極の選択だな。

いや、武士道にとってはいささかも究極の選択などではない。答えは明白なのじゃ。

そういうところははっきりしていていいっすね。武士道は。

でしゃばらんところでは一貫しておる。

武士って本当は大人しいんですね。

もちろん、大事な時には身分の相応、不相応を顧みずに行動することはある。それでも立ち上がれんようじゃ、ただの腑抜けになるからのう。『葉隠』にこうある。

重要な会議があった時、ある者が自分の意見が聞き入れられない場合には、頭取（中心人物）を討つ覚悟で、その意見を通したことがあった。

つまり、身分不相応と思う場面などで意見をいうには覚悟が必要なのじゃ。そして相当の覚悟があれば、うまくいくこともある。

これは勇気がいるだろうな。

意見とはそれくらいの気概を持っていわねばならぬ。

思いつきで物をいってはいけないのね。

それこそ命取りじゃ。

命がけで意見をいうからには、失敗は許されないと思うんすけど、どうすればうまく人を説得できるんっすか？

それは情理を尽くすよりほかない。

情理を尽くす？

さよう。人情と道理の両方の面から訴えるのじゃ。どちらか1つだけではいかん。

感情と理屈ってことですか？

そういうことじゃ。いくらお涙ちょうだいの話をしても、理屈がめちゃくちゃでは人はなびかん。反対に、いくら理屈が通っておっても、人間が感情の生き物である以上、心に響かさんといかん。

人を説得するのって大変なんですね。

その分、相手が理解してくれた時は喜びもひとしおなのじゃ。

よし、俺ももっと論理力を鍛えて、先生を討つ覚悟で発言するようにします！

お主、やめてくれよ！

それくらいの覚悟でってことですよ！

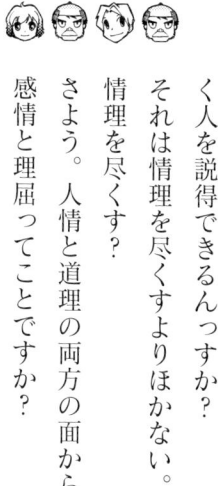

結局、どうすればうまくいくんですか？

さて、いよいよ大詰めじゃな。最後の質問と思って何でも聞くがよい。

最後かぁ。じゃあ、思い切っていいっすか？

何じゃ？

結局、どうすれば人生うまくいくんですか？

あんた、何て質問するのよ！　今まで何聞いてたの？

よかろう。さらば、とっておきの奥義をお主らのためにいくつか披露しておこう。

そうこなくっちゃ！

楽しみ！

いずれも人生がうまくいくための助言じゃ。まず、勘定高い人間は成功せん。

けちだと成功しないいってことっすか？

単にけちというだけでなく、物事を計算するところに問題がある。

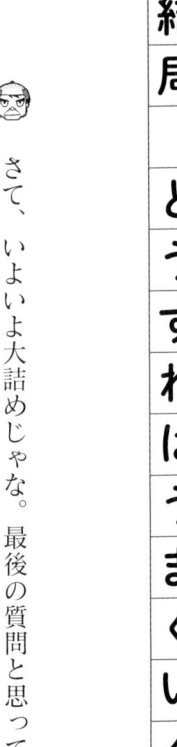

勘定高い人間は卑怯者だ。というのも、勘定は損得を考えるものであるから、いつもその心が絶えない。死は損、生は得であり、当然死ぬことを好まないことになるから、卑怯になる。

つまり、損得勘定をするということは、生死についてもそれをやるということになる。その場合、答えは明らかじゃろ？

死なないほうが得ですよね。

そういうことになるな。いざという時に逃げるかもしれん。だからダメなのじゃ。

計算高い人って人生うまくやるんだろうなと思ってたけど、逆なんですね。

うまくいくのは表面的な部分だけじゃ。いざという時にその者の真価が問われる。その時逃げ出すようなヤツは、二度と誰も見向きせんじゃろう。お主らもそういう手合いには気をつけたほうがよい。

反対に、どういう人を見習えばいいですか？

それは自分がよい手本になると思った人間を見習えばよい。身近におらんか？

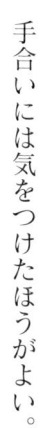

部活の顧問もおおらかな人でいいんですけど、ちょっとやる気がなくて物足りないんですよね。

誰かさんも熱くていいんだけど、突っ走る傾向にあるからな。体育祭の練習やらせすぎて本番までにみんなヘトヘトになっちゃったり。

うちの担任ね。あ、先生のことじゃないですよ。先生は武士ですもんねー。

うっ、別に一人に絞る必要はない。『葉隠』によいアドバイスがある。

奉公人も、よい奉公人を手本として、これに似るよう努めれば、大体は似ることができよう。近ごろでは、そのよい手本がないのは困ったものではあるが、それには手本をつくって見習えばよい。

つまり、完璧なモデルがいなければ、それぞれの人の長所を見つけては学ぶようにすればいいのじゃ。勇気については誰それ、礼儀作法は誰それというふうに。

なるほど。いいとこ取りっすね。

そしたらすごい立派なモデルができそうね。

そのすごいモデルを見習うことで、すごい人間になれるということじゃ。

人気者にもなれそう。

初ガツオ並にな。

何でいきなり初ガツオなんですか？

江戸庶民の人気の的だったのじゃ。

じゃあお前は初ガツオならぬハヅキガツオだな。

ちょっと！　からかわないでくれる？

冗談だって。でも先生、すごい人でなくても人気の人っていますよね。

うむ。特別な才能はなくとも、殿さまからもいたくかわいがられる者がおる。

それはどうしてなんですか？

それはやはりハートじゃろう。

最後にハートっすか？

そう、ハートじゃ。

お家のお役に立つためには、何も特別の知恵、才能などは不要である。何とぞ殿さまのお

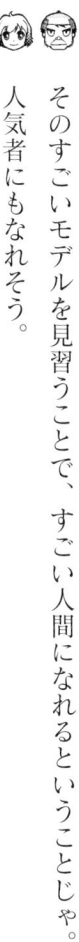

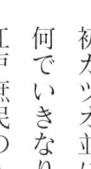

ために、ご家中、民百姓のために尽くそうと決意することは、愚鈍な我われ風情にもできることなのである。しかしながら、お役に立ちたいと思うことのほうが、非常に難しいのである。

才能などなくとも、役に立ちたいという気持ちさえ強ければ、それで人の心を打つことができる。殿さまにしてみればかわいく見えるのじゃ。

それでハートが大事なのね。

ハートが大事なのはかわいがられるためだけではない。身分が高い人だってそうじゃ。身分が高い人は本当は超人などではない。それは世間話でもしてみればわかる。ただ、彼らは人の役に立ちたいという思いが並はずれて強いだけじゃ。

武士のハートか。それなら俺もやれるかも。

そうね。頭が勝負だときついけど、ハートが勝負なら私たちだっていけるかもね。

いや、お主らは頭も大丈夫じゃ。

え、最後だからって優しいんですね。

武士の情けじゃ。

えーっ、冗談なんですか？

いや、本当にそう思っておる。お主らはよくやった。この6日間で大きく成長した。拙者の予想以上にな。明日はお主らの担任が来て話をしてくれる。きっと成長ぶりに驚くに違いない。

先生、ありがとうございました。先生は本当の武士っすよ。

最初から本物の武士だといっておるではないか。

ということはお別れなんですね。

そうじゃな。

私、先生のことずっと忘れません。

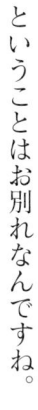

うむ。これからも精励恪勤《せいれいかっきん》、せっせと努力を続けるようにな。しからば、拙者はこれにて。

そういって、武士はいつものように颯爽《さっそう》と教室を出て行った。ピンと背筋を伸ばして、振り返ることもなく。担任の源は、結局最後まで武士を演じきったのだ。バレバレのコスプレとは対照的なその迫真の演技のおかげか、タケシとハヅキの二人は、今まで味わったことのない感動と熱い思いを胸にたぎらせていた。「もしかしたら、これが武士道なのかもしれない」。おそらくほぼ同時に、二人は頭の中でそんな言葉を発していた。でも、何もいわなかった。ただ黙って、疾風《しっぷう》のごとく駆け抜けた不思議な6日間のことを振り返っていた。

ほんの短い間だったけれど、武士と出会って、二人は濃密な時間をすごした。そして、自分たちでも信じられないくらいたくさんのことを考えた。そのすべてがあたかも自分たちの体の一部になったかのように、不思議な力が全身にみなぎっていた。錯覚かもしれないけれど、少なくとも彼らはたしかにそう感じていたのだ……。

6日目のまとめ

・欲がないのは社会が平和なせいだが、それに安住してはいけない。もっと積極的に生きるべき。ただ、欲は持つべきだとしても、お金そのものに対する欲は意味がない。

・身につけた芸が多いのは必ずしもいいことではない。とりわけ生き方については、１つを究めるべき。だからといって、苦しむ必要はない。好きなことならストイックにやっても苦しくはないはず。

・日ごろから準備しておくことと、日ごろからコツコツ努力しておくことが大事。何事も、修行によって心の準備ができる。

・身分不相応だと思う時は、物事をよく知っている人に相談してから物をいうとよい。どうしても発言しなければならない時は、覚悟次第でうまくいく。また、出世は遅いほうが応援してもらえる。

・損得勘定をやめ、よいお手本を探して見習い、熱いハートで人の役に立つ気でいれば成功する。

エピローグ ——運命の日曜日——

日曜日の朝、タケシとハヅキは少し寂しい思いを引きずりながら学校にやってきた。もう武士は来ないとわかっていたからだ。教室に入ると、予想したとおり、そこにはいつもの見慣れた顔が二人を待ち構えていた。そう、担任の源だ。タケシとハヅキに武士の授業を受けさせた張本人。

お早う。どうだった武士の授業は？

お早うございます。すごいよかったっすよ。

まったく予想外だったわ。

どうせつまんないって思ってたんだろ？

だって倫理の補習でしょ？　そりゃ期待しませんよ。

何だそれ？　まるで日ごろの俺の倫理の授業がつまんないみたいじゃないか。

そ、そういう意味じゃないっすよ。

武士の先生はもう帰っちゃったんですよね？

ああ。

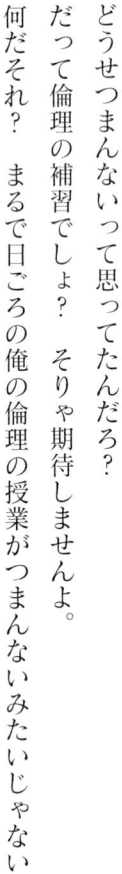

どこへ？

さあな。江戸時代かもしれないし、またどこか別の時代かもしれないし。

先生の演技力にはまいりました。

だろ？　こう見えても実は演劇部出身だからな。よく学生時代は時代劇を演じたもんだ。

なるほど、それで迫真の演技だったんすね。

そのほうがより頭に入るだろ？

そうっすね。必要なのは死にもの狂いで生きること。

そうだな。

とにかくこの瞬間を一生懸命生きなきゃって気にはなりましたよ。

それは大きな成長だ。

私はもっと自信を持って生きなきゃなって思いました。武士の一分じゃないけど、誇りを持ってね。

お前も少し自信が出てきたように見えるよ。

これからです。

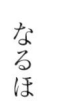

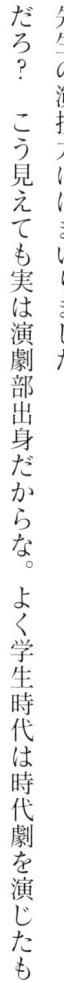

毎日修行だもんな、俺たち。

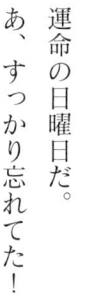

どうやら相当刺激を受けたみたいだな。

積極的に生きないと、先生に、いやあの人にまた大声で叱られそうで。

たしかに……。今ごろどうしてるかなぁ？

きっとどこかで武士道の授業をしてるんじゃないか？

それにしても武士道ってどの時代にも通じるんですね。江戸時代の話なのに、不思議と俺たちの時代の話を聞いてるみたいでしたよ。

そう、そこがポイントだ。だから山本常朝は現代人が武士道を忘れてしまった時に、ふいに現れる。

で、大きい声で怒る。

ハハハハハ。

ところで、今日はいつもの日曜とちょっと違うぞ。

どういうことですか？

運命の日曜日だ。

あ、すっかり忘れてた！　進級の合否があるんだったー。

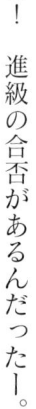

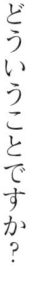

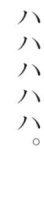

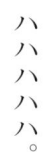

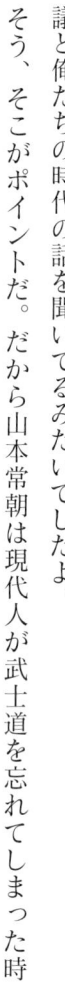

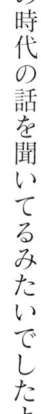

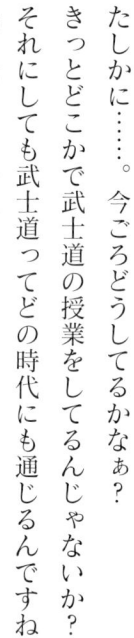

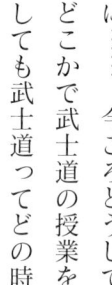

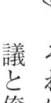

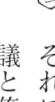

まさか、今からテストとかするんすか？

もう終わったよ。

え？

お前らがどれだけ真面目にやったかはよく知ってるからな。

そりゃそうですよね。

てことは？

二人とも合格だ。３年に上がれるよ。

そうこなくっちゃ！

武士の情けですか？

さよう！

担任がまた武士の真似をすると、二人は大きな声を出して笑った。お腹の底から。窓の外にはきれいな桜が咲き始めていた。それはいつもと違う日曜日の、いつもと違う風景だった。

いや、きっと先週の日曜日と同じだったのだろうけど、彼らにはまったく違って感じられたのだ。

風景は気持ち次第でまったく違う顔を見せる。人生もおそらくそう。どんな気持ちで生きるかによって、同じ人生でも楽しくなったり辛くなったりするものだ。いにしえの教えに耳を傾ける意味はそこにある。

いにしえの教えが気持ちを前向きに導いてくれるなら、人生は好転していくに違いない。タケシとハヅキにとって、『葉隠』がそんな人生の導きの糸になったのだ。

明るい声に包まれる教室で、春の日はやさしく二人の若者の顔を照らし続けていた。まるで二人の武士の誕生を祝福するスポットライトのように……。

おわりに

みなさん、『7日間で武士道がわかる不思議な授業』はいかがでしたか？　本文を読んでいただいた方にはもう十分わかっていただけたかと思いますが、これは江戸時代の武士山本常朝が、後に出家をした後、口述したものをまとめた武士道の名著『葉隠』の入門書です。

武士道といえば、新渡戸稲造の『武士道』が最も有名ですが、実は本来の武士道の神髄はこの『葉隠』にこそ表現されているといわれます。単なる戦のための指南書ではなく、また新渡戸の武士道のような西洋向けに書かれた日本文化の紹介ではなく、あくまで武士が生きるための心得として書かれた『葉隠』は、武士道の何たるかを学ぶには絶好のテキストであるといえるでしょう。

ただ、江戸時代の文章だけあって、そのまま読むのはなかなか大変です。現代語訳ならまぁ、読めるでしょうが、それでも今の若い人が読むには少しハードルが高いと思われます。そこで、今回は高校生でもわかりやすく読めるようなエンターテインメント性を持たせることで、『葉隠』のハードルをうんと下げてみたつもりです。

グローバリズムが押し寄せ、今私たちの目の前には、日本人としていかに生きるかという問いが突きつけられているように思います。日本人としての凛とした生き方を綴った『葉隠』という作品は、まさにその問いに正面から答えてくれるものといえるでしょう。ぜひみなさんもそんな今を生きるための知恵を学ぶべく、本書を活用していただけると幸いです。

さて、本書の執筆に当たっては、多くの方に大変お世話になりました。とりわけ教育評論社の小山香里さんのご尽力なしには、本書が日の目を見ることはなかったでしょう。この場をお借りしてお礼を申し上げたいと思います。最後に、本書をお読みいただいたすべての方に改めて感謝を申し上げます。

２０１７年如月

小川仁志

〔主な引用・参考文献〕

神子侃編訳『葉隠』徳間書店、1964年

奈良本辰也訳編『葉隠』三笠書房、2010年

和辻哲郎・古川哲史校訂『葉隠　上・中・下』岩波書店、1940〜1941年

[著者略歴]

小川仁志（おがわ・ひとし）

1970年京都市生まれ。哲学者。山口大学国際総合科学部准教授。

京都大学法学部卒業後、伊藤忠商事に入社。その後、４年間のフリーター生活を経て、名古屋市役所に入庁する。

市役所勤務の傍ら、名古屋市立大学大学院博士後期課程修了。

博士（人間文化）取得。

徳山工業高等専門学校准教授、米プリンストン大学客員研究員を経て現職。

商店街で誰でも参加できる「哲学カフェ」を主宰するなど、専門の「公共哲学」の実践に努めている。

著書に『７日間で突然頭がよくなる本』(PHP研究所)、『思考力を鍛える50の哲学問題』（教育評論社）など多数。

組　版　株式会社明昌堂
装　丁　相羽裕太（株式会社明昌堂）
イラスト　小坂伊吹

7日間で武士道がわかる不思議な授業

2017年４月11日　初版第１刷発行

著　者　小川仁志
発行者　阿部黄瀬
発行所　株式会社　教育評論社
〒103-0001
東京都中央区日本橋小伝馬町1-5 PMO日本橋江戸通
Tel. 03-3664-5851
Fax. 03-3664-5816
http://www.kyohyo.co.jp

印刷製本　萩原印刷株式会社

定価はカバーに表示してあります。

落丁本・乱丁本はお取り替え致します。

ISBN 978-4-86624-006-0